QUATRIÈME ÉDITION

CONTES DE LA MONTAGNE

PAR

ERCKMANN-CHATRIAN

PARIS
J. HETZEL ET Cⁱᵉ, LIBRAIRES-ÉDITEURS
18, RUE JACOB, 18

Tous droits de traduction et de reproduction réservés.

CONTES
DE
LA MONTAGNE

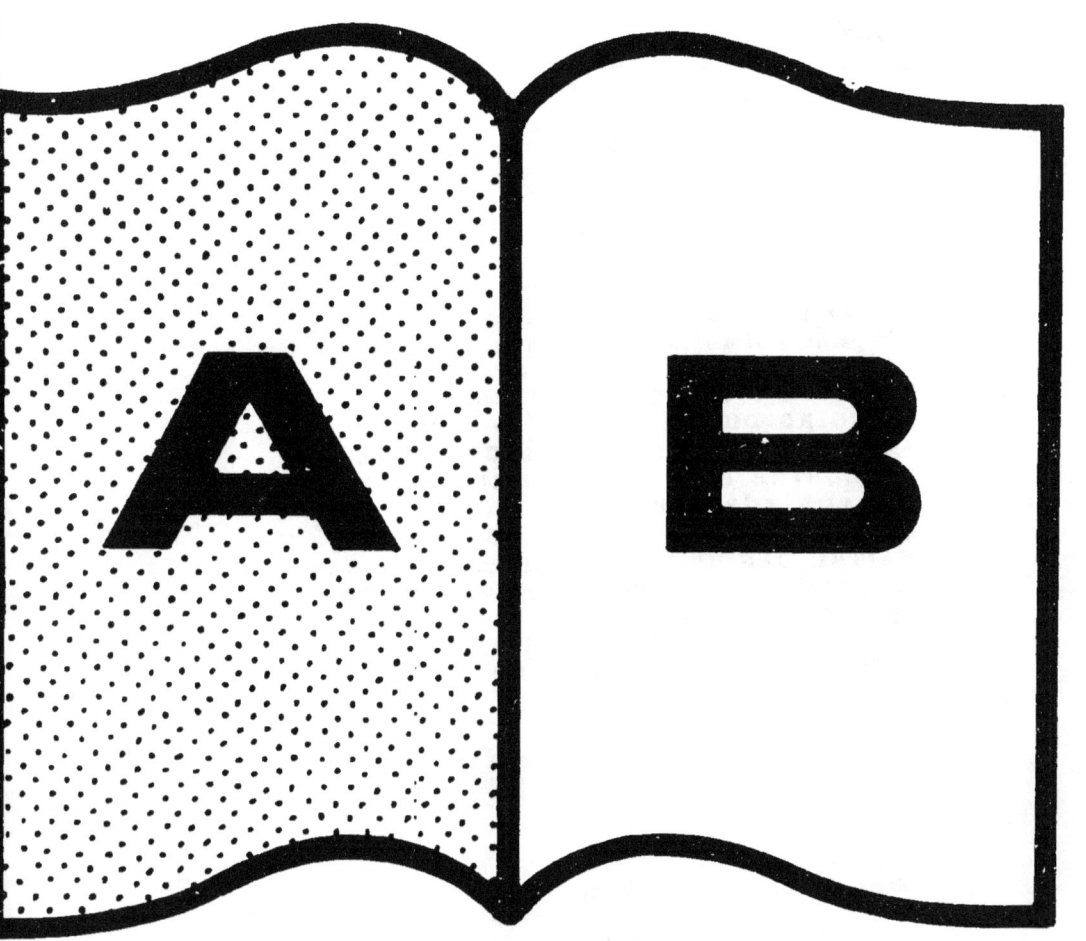

OUVRAGES DES MÊMES AUTEURS

COLLECTION IN-18 A 3 FR.

LE BLOCUS. 15ᵉ Édition.................. 1 vol.
CONFIDENCES D'UN JOUEUR DE CLARINETTE. 5ᵉ Édition.................. 1 —
CONTES DE LA MONTAGNE. 4ᵉ Édition..... 1 —
CONTES DES BORDS DU RHIN. 4ᵉ Édition.... 1 —
CONTES POPULAIRES. 4ᵉ Édition............ 1 —
LES DEUX FRÈRES. 10ᵉ Édition............. 1 —
LA GUERRE. 5ᵉ Édition.................... 1 —
HISTOIRE D'UN CONSCRIT DE 1813. 34ᵉ Édition. 1 —
HISTOIRE D'UN HOMME DU PEUPLE. 9ᵉ Édit. 1 —
HISTOIRE D'UN PAYSAN.
   1ʳᵉ partie. 1789. LES ÉTATS GÉNÉRAUX. 20ᵉ Édit. 1 —
   2ᵉ — 1792. LA PATRIE EN DANGER. 13ᵉ Édit. 1 —
   3ᵉ — 1793. L'AN Iᵉʳ DE LA RÉPUBLIQUE. 10ᵉ Édition................. 1 —
   4ᵉ partie. 1794 à 1815. LE CITOYEN BONAPARTE. 9ᵉ Édition................ 1 —
HISTOIRE D'UN SOUS-MAITRE. 8ᵉ Édition... 1 —
HISTOIRE DU PLÉBISCITE. 13ᵉ Édition...... 1 —
L'INVASION OU LE FOU YÉGOF. 14ᵉ Édition.. 1 —
L'ILLUSTRE DOCTEUR MATHEUS. 4ᵉ Édition. 1 —
MADAME THÉRÈSE. 23ᵉ Édition............. 1 —
LA MAISON FORESTIÈRE. 5ᵉ Édition........ 1 —
MAITRE DANIEL ROCK. 4ᵉ Édition.......... 1 —
WATERLOO (Suite du Conscrit de 1813). 25ᵉ Édition. 1 —
LE JUIF POLONAIS, drame en trois actes et 5 tableaux avec airs notés. 1 vol. in-18. Prix.... 1 fr. 50
LETTRE D'UN ÉLECTEUR A SON DÉPUTÉ. » 50

ŒUVRES COMPLÈTES

Paris. — J. CLAYE, imprimeur, 7, rue Saint-Benoît. — [2004]

CONTES

DE

LA MONTAGNE

PAR

ERCKMANN-CHATRIAN

QUATRIÈME ÉDITION

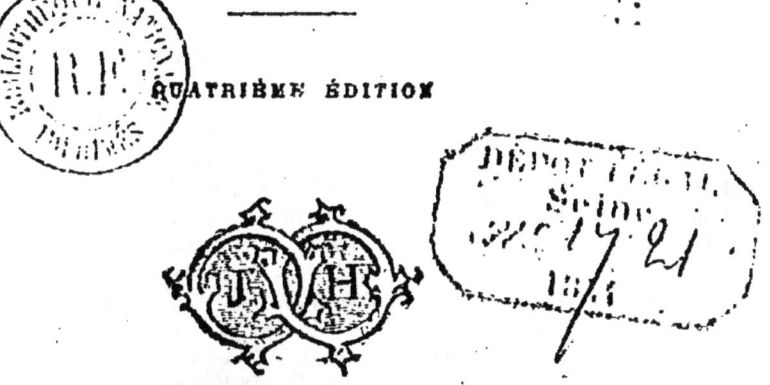

PARIS

J. HETZEL ET Cie, LIBRAIRES

18, RUE JACOB, 18

1873

Tous droits réservés.

OUVRAGES DES MÊMES AUTEURS

COLLECTION IN-18 A 3 FR.

LE BLOCUS. 15e Édition.	1 vol.
CONFIDENCES D'UN JOUEUR DE CLARINETTE. 5e Édition.	1 —
CONTES DE LA MONTAGNE. 4e Édition.	1 —
CONTES DES BORDS DU RHIN. 4e Édition.	1 —
CONTES POPULAIRES. 4e Édition.	1 —
LES DEUX FRÈRES. 10e Édition.	1 —
LA GUERRE. 5e Édition.	1 —
HISTOIRE D'UN CONSCRIT DE 1813. 34e Édition.	1 —
HISTOIRE D'UN HOMME DU PEUPLE. 9e Édit.	1 —
HISTOIRE D'UN PAYSAN.	
1re partie. 1789. LES ÉTATS GÉNÉRAUX. 20e Édit.	1 —
2e — 1792. LA PATRIE EN DANGER. 13e Édit.	1 —
3e — 1793. L'AN Ier DE LA RÉPUBLIQUE. 10e Édition.	1 —
4e partie. 1794 à 1815. LE CITOYEN BONAPARTE. 9e Édition.	1 —
HISTOIRE D'UN SOUS-MAITRE. 8e Édition.	1 —
HISTOIRE DU PLÉBISCITE. 13e Édition.	1 —
L'INVASION OU LE FOU YÉGOF. 14e Édition.	1 —
L'ILLUSTRE DOCTEUR MATHEUS. 4e Édition.	1 —
MADAME THÉRÈSE. 22e Édition.	1 —
LA MAISON FORESTIÈRE. 6e Édition.	1 —
MAITRE DANIEL ROCK. 4e Édition.	1 —
WATERLOO (Suite du Conscrit de 1813). 25e Édition.	1 —
LE JUIF POLONAIS, drame en trois actes et 5 tableaux avec airs notés. 1 vol. in-18. Prix.	1 fr. 50
LETTRE D'UN ÉLECTEUR A SON DÉPUTÉ. »	50

ŒUVRE COMPLÈTE

Paris. — J. CLAYE, imprimeur, 7, rue Saint-Benoît. — [2001]

CONTES
DE
LA MONTAGNE

PAR

ERCKMANN-CHATRIAN

QUATRIÈME ÉDITION

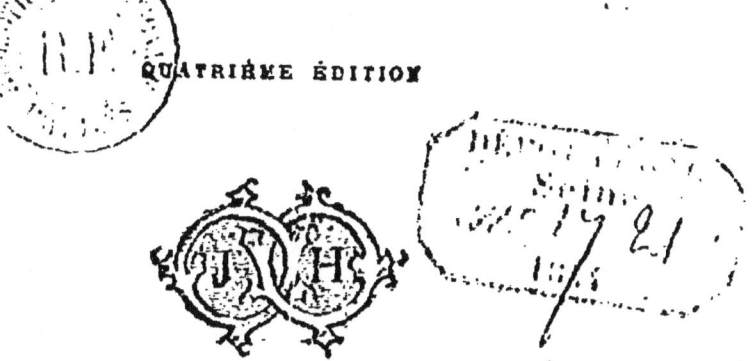

PARIS

J. HETZEL ET Cⁱᵉ, LIBRAIRES

18, RUE JACOB, 18

1873

Tous droits réservés.

CONTES
DE
LA MONTAGNE

UNE

NUIT DANS LES BOIS

I

Mon digne oncle Bernard Hertzog, le chroniqueur, coiffé de son grand chapeau à claque et de sa perruque grise, le bâton de montagnard à pointe de fer au poing, descendait un soir le sentier de Luppersberg, saluant chaque paysage d'une exclamation enthousiaste.

L'âge n'avait pu refroidir en lui l'amour de

la science; il poursuivait encore à soixante ans son *Histoire des antiquités d'Alsace,* et ne se permettait la description d'une ruine, d'une pierre, d'un débris quelconque du vieux temps, qu'après l'avoir visité cent fois et contemplé sous toutes ses faces.

« Quand on a eu le bonheur, disait-il, de naître dans les Vosges, entre le Haut-Bar, le Nideck et le Geierstein, on ne devrait jamais songer aux voyages. Où trouver de plus belles forêts, des hêtres et des sapins plus vieux, des vallées plus riantes, des rochers plus sauvages, un pays plus pittoresque et plus riche en souvenirs mémorables? C'est ici que combattirent jadis les hauts et puissants seigneurs de Lutzelstein, du Dagsberg, de Leiningen, de Fénétrange, ces géants bardés de fer ! C'est ici que se sont donnés les grands coups d'épée du moyen âge, entre les fils aînés de l'Église et le Saint-Empire... Qu'est-ce que nos guerres, auprès de ces terribles batailles où l'on s'attaquait corps à corps, où l'on se martelait avec des haches d'armes, où l'on s'introduisait le poignard par les yeux du casque? Voilà du courage, voilà des faits héroïques dignes d'être transmis à la postérité ! Mais nos jeunes gens veulent du nouveau, ils ne se contentent plus de leur pays; ils font des tours d'Allemagne, des tours de France... Que sais-je? Ils abandonnent les études sérieuses pour le commerce, les arts, l'industrie... Comme s'il n'y avait pas eu jadis du commerce, de l'industrie et des arts... et bien plus curieux, bien plus instructifs que de nos jours : voyez la ligue anséatique... voyez les marines de Venise, de Gênes et du Levant... voyez les manufactures des Flandres, les arts de Florence, de Rome, d'Anvers!... Mais non, tout est mis à l'écart... On se glorifie de son ignorance, et l'on néglige surtout l'étude de notre bonne vieille Alsace... Franchement, Théodore, franchement, tous ces touristes ressemblent aux maris jeunes et volages, qui délaissent une bonne et honnête femme pour courir après des laiderons! »

Et Bernard Hertzog hochait la tête, ses gros yeux devenaient tout ronds, comme s'il eût contemplé les ruines de Babylone.

Son attachement aux us et coutumes d'autrefois lui faisait conserver, depuis quarante ans, l'habit de peluche à grandes basques, les culottes de velours, les bas de soie noirs et les souliers à boucles d'argent. Il se serait cru déshonoré d'adopter le pantalon à la mode, il aurait cru commettre une profanation s'il eût coupé sa vénérable queue de rat.

Le digne chroniqueur allait donc à Haslach, le 3 juillet 1845, examiner de ses propres yeux un petit Mercure gaulois déterré récemment dans le vieux cloître des Augustins.

Il marchait d'un pas assez leste, par une chaleur accablante ; les montagnes succédaient aux montagnes, les vallées s'engrenaient dans les vallées, le sentier montait, descendait, tournait à droite, puis à gauche, et maître Hertzog s'étonnait, depuis une heure, de ne pas voir apparaître le clocher du village.

Le fait est qu'il avait appuyé sur la droite en partant de Saverne, et qu'il s'enfonçait dans les bois du Dagsberg avec une ardeur toute juvénile... Il devait, de ce train, aboutir en cinq ou six heures à Phrâmond, à huit lieues de là... Mais la nuit commençait à se faire et le sentier n'offrait déjà plus, sous les grands arbres, qu'une trace imperceptible.

C'est un spectacle mélancolique que la venue du soir dans les montagnes : les ombres s'allongent au fond des vallées, le soleil retire un à un ses rayons du feuillage sombre, le silence grandit de seconde en seconde... On regarde derrière soi : les massifs prennent à vos yeux des proportions colossales... Une grive, à la cime du plus haut sapin, salue le jour qui va disparaître... puis tout se tait... Vous entendez les feuilles mortes bruire sous vos pas, et tout au loin, bien loin... une chute d'eau qui remplit la vallée silencieuse de son bourdonnement monotone.

Bernard Hertzog était haletant, la sueur coulait de son échine, ses jambes commençaient à se roidir.

« Que le diable soit du Mercure gaulois! se disait-il; je devrais être, à cette heure, tranquillement assis dans mon fauteuil... La vieille Berbel me servirait une tasse de café bien chaud, selon sa louable habitude, et je terminerais mon chapitre des armes de Waldeck... Au lieu de cela, je m'enfonce dans les ornières, je trébuche, je me perds et je finirai par me casser le cou... Bon! ne l'ai-je pas dit?... Voilà que je me cogne contre un arbre! Que les cinq cent mille diables emportent ce Mercure... et l'architecte Hâas qui m'écrit de venir le voir... et ceux qui l'ont déterré... — Vous verrez que ce fameux Mercure ne sera qu'une vieille pierre fruste, dont personne ne découvre le nez ni les jambes... quelque chose d'informe, comme ce petit Hésus de l'année dernière à Marienthal... Oh! les architectes... les architectes!... ils voient des antiquités partout... Heureusement je n'avais pas mes lunettes, elles seraient aplaties... mais je vais être forcé de dormir dans les broussailles... Quel chemin! des trous de tous les côtés... des fondrières... des rochers! »

Dans un de ces moments où le brave homme, épuisé de fatigue, faisait halte pour reprendre haleine, il crut entendre le grincement d'une scierie au fond de la vallée. On ne saurait se peindre sa joie lorsqu'il ne conserva plus de doute sur la réalité du fait.

« Que le ciel soit loué! s'écria-t-il en se remettant à descendre clopin-clopant... Je vais donc pouvoir me reposer... Oh! ceci me servira de leçon... La Providence a eu pitié de mon rhumatisme... Vieux fou! m'exposer à coucher dans les bois à mon âge... C'était pour me ruiner la santé... pour m'exterminer le tempérament... Ah! je m'en souviendrai... je m'en souviendrai longtemps! »

Au bout d'un quart heure, le bruit de l'eau qui tombait de l'écluse devint plus distinct... puis une lumière perça le feuillage.

Maître Bernard se trouvait alors sur la lisière du bois; il découvrit, au-dessus des bruyères, un étang qui suivait la vallée tortueuse à perte de vue, et tout en face de lui, l'échafaudage de l'usine, avec ses longues poutres noires allant et venant dans l'ombre comme une araignée gigantesque.

Il traversa le pont de bois en dos d'âne au-dessus de l'écluse mugissante, et regarda par la petite fenêtre dans la hutte du *ségare*.

Imaginez un réduit obscur adossé contre une roche en demi-voûte... Au fond de cette cavité naturelle, la sciure de bois brûlait à petit feu... Sur le devant, la toiture en planches, chargée de lourdes pierres, descendait obliquement à trois pieds du sol... Dans un coin à gauche, se trouvait une caisse remplie de bruyères... Quelques blocs de chêne, une hache, un banc massif et d'autres ustensiles se perdaient dans l'ombre. L'odeur résineuse du sapin en combustion imprégnait l'air aux alentours, et la fumée rougeâtre suivait une fissure du rocher.

Tandis que le bonhomme contemplait ces choses, le *ségare* sortant de la scierie l'aperçut et lui cria :

« Hé ! qui est là ?

— Pardon... pardon... dit mon digne oncle tout surpris... un voyageur égaré...

— Hé ! interrompit l'autre, Dieu me pardonne... c'est maître Bernard de Saverne... Soyez le bienvenu, maître Bernard !... Vous ne me reconnaissez donc pas ?

— Mon Dieu non... au milieu de cette nuit profonde...

— Parbleu, c'est juste... je suis Christian... Vous savez, Christian... qui vous apporte votre provision de tabac de contrebande tous les quinze jours !... Mais, entrez... entrez,.. nous allons faire de la lumière. »

Ils passèrent alors, en se courbant, sous la petite porte basse, et le *ségare* ayant allumé une branche de pin, la ficha dans un piquet fendu servant de candélabre... Une lumière blanche comme le reflet de la lune aux froides nuits d'hiver éclaira la hutte, fouillant ses recoins jusqu'à la cime du toit.

Ce Christian, en manches de chemise, la poitrine nue, le pantalon de toile grise serré autour des reins, avait l'air assez bonhomme ; sa barbe jaune lui descendait en pointe jusqu'à la ceinture ; sa tête large et musculeuse était couronnée d'une chevelure rousse hérissée ; ses yeux gris exprimaient la franchise.

« Asseyez-vous, maître, dit-il en roulant un bloc de chêne devant la cheminée... Avez-vous faim ?

— Hé ! mon garçon, tu sais que le grand air creuse l'estomac.

— Bon, vous tombez bien... tant mieux... j'ai des pommes de terre à votre service... elles sont magnifiques. »

A ce mot de pommes de terre, l'oncle Bernard ne put réprimer une grimace : il se rappelait les bons soupers de Berbel, et faisait un triste retour sur les choses de ce bas monde.

Christian n'eut pas l'air de s'en apercevoir ; il tira cinq ou six pommes de terre d'un sac et les jeta dans la cendre, ayant grand soin de les couvrir, puis s'asseyant au bord de l'âtre, les jambes étendues, il alluma sa pipe.

« Mais dites donc, maître, reprit-il, comment êtes-vous ce soir à six lieues de Saverne... dans la gorge du Nideck ?

— Dans la gorge du Nideck ! s'écria le brave homme en bondissant.

— Sans doute, vous pouvez voir les ruines d'ici... à deux bonnes portées de carabine... »

Maître Bernard ayant regardé, reconnut effectivement les ruines du Nideck, telles qu'il les avait décrites au chapitre xxive de son *Histoire des antiquités d'Alsace*, avec leurs hautes tours éventrées à la base et dominant l'abîme de la cascade.

« Et moi qui croyais être tout près de Haslach ! » fit-il d'un air stupéfait.

Le *ségare* partit d'un immense éclat de rire :

« Aux environs d'Haslach ? vous en êtes à plus de deux lieues... Je vois ce que c'est... vous avez mal pris à l'embranchement du vieux chêne... au lieu d'aller à gauche, vous avez tourné à droite... Il faut ouvrir l'œil au milieu des bois... Quand on se trompe d'une ligne au départ... ça fait des lieues à la fin... Hé ! hé ! hé ! »

Bernard Hertzog, à cette révélation, parut consterné.

« Six lieues de Saverne, murmurait-il... six lieues de montagnes... Et dire qu'il faudra encore en faire deux autres demain... ça fera huit...

— Bah ! je vous servirai de guide jusqu'à la route... dans la vallée... Vous arriverez à Haslach de bonne heure... Et puis, songez que vous avez encore de la chance.

— De la chance... Tu veux rire, Christian?

— Eh oui, de la chance... Vous auriez fort bien pu passer la nuit dans les bois... Si l'orage, qui s'avance du côté du Schnéeberg, vous avait surpris en route... c'est alors que vous auriez pu vous plaindre... La pluie sur le dos et le tonnerre tapant à droite, à gauche, comme un aveugle... Tandis que vous allez avoir un bon lit, fit-il en indiquant la caisse ; vous dormirez là comme une souche, et demain, à la fraîcheur, nous partirons... vos jambes seront dégourdies... Vous arriverez tranquillement.

— Tu es un bon enfant, Christian, répondit Bernard les larmes aux yeux... Tiens, passe-moi une de tes pommes de terre... que je me couche ensuite... C'est la fatigue qui me pèse le plus... Je n'ai pas faim, une seule pomme de terre bien chaude me suffira.

— En voici deux... farineuses comme des châtaignes... Goûtez-moi ça, maître, prenez un petit verre de kirsch-wasser et puis étendez-vous... Moi, je vais me remettre à l'ouvrage...

il faut que je fasse encore quinze planches ce soir. »

Christian se leva, posa la bouteille de kirschwasser au rebord de la fenêtre et sortit. Le mouvement de la scie, un instant suspendu, reprit aussitôt sa marche au bruit tumultueux des flots.

Quant à maître Hertzog, tout étonné de se voir dans cette solitude lointaine, entre les ruines du Nideck, du Dagsberg et du Krappenfels, il rêva longtemps à la route qu'il lui faudrait faire encore pour regagner ses pénates... Puis, suivant le cours de ses méditations habituelles, il se prit à repasser les chroniques, les légendes, les histoires plus ou moins fabuleuses, héroïques ou barbares des anciens maîtres du pays... Il remonta jusqu'aux Triboques... se rappelant Clovis, Chilpéric, Théodoric, Dagobert, la lutte furieuse de Brunehaut et de Frédégonde, etc., etc... Il vit passer tous ces êtres féroces devant ses yeux... Le vague murmure des arbres, l'aspect sombre des rochers, favorisaient cette singulière évocation... Tous les personnages de la chronique se trouvaient là sur leur théâtre : entre l'ours, le sanglier et le loup.

Enfin, n'en pouvant plus, le bonhomme suspendit son feutre à l'un des crocs de la muraille et s'étendit sur les bruyères. Le grillon chantait dans sa couche odorante, quelques étincelles couraient sur la cendre tiède... insensiblement ses paupières s'appesantirent... il s'endormit profondément.

II

Maître Bernard Hertzog dormait depuis deux bonnes heures, et le bouillonnement de l'eau, tombant de la digue, interrompait seul ses ronflements sonores, quand tout à coup une voix gutturale, s'élevant au milieu du silence, s'écria :

« Droctufle ! Droctufle ! as-tu donc tout oublié ? »

L'accent de cette voix était si poignant, que maître Bernard, réveillé en sursaut, sentit ses cheveux se dresser d'horreur. Il s'appuya sur les coudes et regarda, les yeux écarquillés. La hutte était noire comme un four... Il écouta : plus un souffle... plus un soupir... seulement au loin, bien loin... par delà les ruines... un tintement sonore se faisait entendre dans la montagne.

Bernard, le cou tendu, exhala un profond soupir, puis au bout d'une minute il se prit à bégayer :

« Qui est là?... Que me voulez-vous? »

Personne ne répondit.

« C'est un rêve, se dit-il en se laissant retomber dans la caisse... Je me serai couché sur le cœur... Les rêves, les cauchemars ne signifient rien... absolument rien ! »

Mais il terminait à peine ces réflexions judicieuses, que la même voix, s'élevant de nouveau, s'écria :

« Droctufle!... Droctufle!... souviens-toi! »

Pour le coup, maître Hertzog sentit la peur grimper le long de son échine : il essaya de se lever pour fuir, mais l'épouvante le fit retomber dans la caisse, et, tandis que son esprit troublé ne voyait plus autour de lui que fantômes, apparitions surnaturelles, un coup de vent furieux, s'engouffrant tout à coup dans la cheminée, remplit la hutte de mille sifflements lugubres.

Puis le silence s'étant rétabli, le cri :

« Droctulle!... Droctulle!... » retentit pour la troisième fois.

Et comme maître Bernard, ne se possédant plus, cherchait à fuir, le nez contre la muraille, et ne pouvait sortir de sa caisse, la voix poursuivit, en psalmodiant, avec des repos et des accents bizarres :

— « La reine Faileube, épouse de notre seigneur Chilpéric... la reine Faileube, ayant su que Septimanie... que Septimanie, la gouvernante des jeunes princes, avait conspiré la mort du roi... — la reine Faileube dit à son seigneur : « Seigneur, la vipère attend votre sommeil pour vous mordre au cœur... Elle a conspiré votre mort avec Sinnégisile et Gallomagus... Elle a empoisonné son mari, votre fidèle Jovius, pour vivre avec Droctulle... Que votre colère soit sur elle comme la foudre, et votre vengeance comme une épée sanglante ! » Et Chilpéric, ayant assemblé son conseil au château du Nideck, dit : « Nous avons réchauffé la vipère... elle a conspiré notre mort... qu'elle soit coupée en trois morceaux !... Que Droctulle, Sinnégisile et Gallomagus périssent avec elle !... que les corbeaux se réjouissent !... » Et les leudes dirent : « Ainsi soit-il... La colère de Chilpéric est un abîme où tombent ses ennemis! » Alors Septimanie étant amenée pour l'aveu, un cercle de fer comprima ses tempes, et les yeux jaillirent de sa tête, et sa bouche sanglante murmura : « Seigneur, j'ai péché contre vous... Droctufle, Gallomagus et Sinnégisile ont aussi péché! » Et, la nuit suivante, une guirlande de morts se balançait aux tours du Nideck... Les oiseaux des ténèbres se réjouissaient!... — Droctufle!... que n'ai-je pas fait pour toi?... Je te voulais roi... roi d'Austrasie... et tu m'as oubliée!... »

La voix gutturale se tut, et mon oncle Bernard, plus mort que vif, exhalant un soupir plein de terreur, murmura :

« Seigneur Dieu!... ayez pitié d'un pauvre chroniqueur qui n'a jamais fait de mal... ne le laissez pas mourir sans absolution... loin des secours de notre sainte Église! »

La grande caisse de bruyères, à chacun de ses efforts pour s'échapper, semblait s'approfondir... Le pauvre homme s'imaginait descendre dans un gouffre, quand, fort heureusement, Christian reparut en s'écriant :

« Eh bien, maître Bernard, que vous avais-je dit? Voici l'orage. »

En même temps, la hutte se remplit d'une vive lumière, et mon digne oncle, qui se trouvait en face de la porte, vit toute la vallée illuminée, avec ses innombrables sapins pressés sur les pentes de la gorge comme l'herbe des champs, ses rochers entassés pêle-mêle dans l'abîme, le torrent roulant à perte de vue ses flots bleus sur les cailloux du ravin, et les tours du Nideck debout à quinze cents pieds dans les airs.

Puis les ténèbres grandirent... C'était le premier éclair.

Dans cet instant rapide, il vit aussi une figure repliée sur elle-même au fond de la hutte, mais sans pouvoir se rendre compte de ce que c'était.

De larges gouttes commençaient à tomber sur le toit. Christian alluma une ételle, et voyant maître Bernard les doigts cramponnés au bord de sa caisse, la face pâle et toute baignée de sueur :

« Maître Bernard, s'écria-t-il, qu'avez-vous ? »

Mais, lui, sans répondre, indiqua du doigt la figure accroupie dans l'ombre : c'était une vieille... mais si vieille... si jaune... le nez si crochu... les joues si ratatinées... les doigts si maigres, les jambes si grêles... qu'on eût dit une vieille chouette déplumée. Elle n'avait plus qu'une mèche de cheveux gris sur la nuque... le reste de sa tête était chauve comme un œuf... Sa robe de toile filandreuse recouvrait un petit squelette concassé... Elle était aveugle, et l'expression de son front indiquait la rêverie éternelle.

Christian, au geste de mon oncle, ayant tourné la tête, dit simplement :

« C'est la vieille Irmengarde, l'ancienne diseuse de légendes... Elle attend pour mourir que la grande tour s'écroule dans la cascade... »

L'oncle Bernard, stupéfait, regarda le *ségare* : il n'avait pas l'air de plaisanter... au contraire, il paraissait fort grave.

« Voyons, fit le brave homme, tu veux rire, Christian ?

— Rire ! Dieu m'en garde ! Telle que vous la voyez, cette vieille sait tout... l'âme des ruines est en elle !... Du temps des anciens maîtres de ces châteaux, elle vivait déjà ! »

Pour le coup, l'oncle Bernard faillit tomber à la renverse.

« Mais tu n'y songes pas, s'écria-t-il, le

château du Nideck est démoli depuis mille ans !...

— Eh bien... quand il y aurait deux mille ans, fit le *ségare* en se signant devant un nouvel éclair, qu'est-ce que ça prouve ?... Puisque l'âme des ruines est en elle !... Il y a cent huit ans qu'Irmengarde vit avec cette âme... qui était avant chez la vieille Edith d'Haslach... Avant Édith, elle était chez une autre...

— Et tu crois cela ?

— Si je le crois ! C'est aussi sûr, maître Bernard, que le soleil reviendra dans trois heures... La mort, c'est la nuit... La vie, c'est le jour... Après la nuit, vient le jour... après le jour, la nuit... ainsi de suite. Et le soleil, c'est l'âme du ciel... la grande âme... et les âmes des saints sont comme des étoiles qui brillent dans la nuit et qui reviennent toujours. »

Bernard Hertzog ne dit plus rien ; mais, s'étant levé, il se prit à considérer avec défiance la vieille, assise au fond d'une niche taillée dans le roc. Il aperçut, au-dessus de cette niche, de grossières sculptures représentant trois arbres entrelacés, ce qui formait une sorte de couronne; et, plus bas, trois crapauds sculptés dans le granit.

Trois arbres sont les armes des Triboques (*drayen bûchen*); trois crapauds, les armes franques mérovingiennes.

Qu'on juge de la surprise du vieux chroniqueur; à l'épouvante succédait, dans son esprit, la convoitise.

« Voici le plus antique monument de la race franque dans les Gaules, pensait-il, et cette vieille ressemble à quelque reine déchue, oubliée là par les siècles... Mais comment emporter la niche? »

Il devint tout rêveur.

On entendait alors, au fond des bois, le galop rapide d'un troupeau de gros bétail, de sourds mugissements. La pluie redoublait; les éclairs, comme une volée d'oiseaux effarouchés dans les ténèbres, se touchaient du bout de l'aile... l'un n'attendait pas l'autre, et les roulements du tonnerre se succédaient avec une fureur épouvantable.

Bientôt l'orage plana sur la gorge du Nideck, et les détonations, répercutées par les échos des rochers, prirent alors des proportions vraiment grandioses : on aurait dit que les montagnes s'écroulaient les unes sur les autres.

A chaque nouveau coup, l'oncle Bernard baissait instinctivement la tête, croyant avoir reçu la foudre sur la nuque.

« Le premier Triboque qui se bâtit une hutte n'était pas un sot, pensait-il ; ce devait être un homme de grand sens... il prévoyait les variations de la température ! Que deviendrions-nous à cette heure, et par un temps semblable, sous le ciel ? Nous serions bien à plaindre ! L'invention de ce Triboque vaut bien celle des machines à vapeur... On aurait dû conserver son nom. »

Le digne homme terminait à peine ces réflexions, lorsqu'une jeune fille de quinze ans au plus, coiffée d'un immense chapeau de paille en parapluie, la jupe de laine blanche toute ruisselante et ses petits pieds nus couverts de sable, s'avança sur le seuil et dit en se signant :

« Que le Seigneur vous bénisse !

— *Amen !* » répondit Christian d'un accent solennel.

Cette jeune fille offrait le type scandinave le plus pur : des couleurs roses sur un visage plus pâle que la neige, de longues tresses flottantes si fines et si blanches, que la nuance paille la plus affaiblie en donnerait à peine l'idée. Elle était haute et svelte, et son regard d'azur avait un charme inexprimable.

Maître Bernard resta quelques instants en extase, et le *ségare*, s'approchant de la jeune fille, lui dit avec douceur :

« Soyez la bienvenue, Fuldrade... Irmengarde dort toujours... Quel temps !... l'orage ne va-t-il pas se dissiper ?

— Oui, le vent l'emporte vers la plaine... La pluie finira avant le jour... »

Puis, sans regarder maître Bernard, elle alla s'asseoir près de la vieille, qui parut se ranimer.

« Fuldrade, dit-elle, la grande tour est encore debout ?

— Oui ! »

La vieille courba la tête... et ses lèvres s'agitèrent.

Après les derniers coups de foudre, une pluie battante s'était mise à tomber... On n'entendait plus dans la vallée ténébreuse que ce clapotement immense, continu, de l'averse ; le roulement des flots débordés dans le ravin... Puis d'instants en instants, quand la pluie semblait se ralentir, de nouvelles ondées, plus rapides, plus impétueuses.

Au fond de la hutte, personne ne disait mot... on écoutait... on se sentait heureux d'avoir un abri.

Dans l'intervalle de deux averses, le tintement sonore que l'oncle Bernard avait entendu dans la montagne, au moment de son réveil, passa lentement sous la petite fenêtre de la hutte, et presque aussitôt une grosse tête cornue, plaquée de taches noires et blanches... la tête d'une superbe génisse, s'avança sous la porte.

« Hé! c'est Waldine, s'écria Christian en riant... Elle vous cherche, Fuldrade! »

La bonne bête, calme et paisible, après avoir regardé quelques secondes, s'avança jusqu'au milieu de l'âtre et vint flairer la vieille Irmengarde.

« Va-t'en, disait Fuldrade, va-t'en avec les autres. »

Et la génisse, obéissante, retourna jusque sur le seuil de la scierie... Mais l'eau qui tombait par torrent parut la faire réfléchir... Elle resta là, spectatrice du déluge, balançant la queue et mugissant d'un air mélancolique.

Au bout de vingt minutes, le temps s'éclaircit... le jour commençait à poindre, et Waldine se décidant enfin, sortit gravement comme elle était venue.

L'air frais pénétrait alors dans la hutte avec les mille parfums du lierre, de la mousse, du chèvrefeuille, ranimés par la pluie. Les oiseaux des bois, le rouge-gorge, la grive, le merle s'égosillaient sous le feuillage humide... C'étaient des frissons d'amour... des frémissements d'ailes à vous épanouir le cœur.

Alors maître Bernard, sortant de sa rêverie, fit quatre pas au dehors, leva les yeux et vit quelques nuages blancs voguer en caravanes vaporeuses dans le ciel désert... Il vit aussi sur la côte opposée tout le troupeau de bœufs, de vaches et de génisses abrités sous la roche creuse... Les uns, majestueusement étendus, les genoux ployés, l'œil endormi... les autres, le cou tendu, mugissant d'une voix solennelle... Quelques jeunes bêtes contemplaient les festons de chèvrefeuille pendus au granit, et semblaient en aspirer les parfums avec bonheur.

Toutes ces formes diverses, toutes ces attitudes se détachaient vigoureusement sur le fond rougeâtre de la pierre, et la voûte immense de la caverne, toute chargée de sapins et de chênes aux larges serres incrustées dans le roc, donnait à ce tableau un air de grandeur magistrale.

« Eh bien ! maître Bernard, s'écria Christian, voici le jour... voici le moment du départ... »

Puis s'adressant à Fuldrade toute rêveuse :

« Fuldrade, dit-il à demi-voix, ce bon vieillard de la ville n'aime pas le kirsch-wasser... Je ne puis cependant lui offrir de l'eau... N'auriez-vous pas autre chose? »

Fuldrade prenant alors un petit baquet de chêne dans lequel le *ségare* mettait son eau, regarda maître Bernard avec douceur et sortit.

« Attendez, fit-elle, je reviens tout de suite. »

Elle traversa rapidement la prairie humide ; l'eau des grandes herbes tombait sur ses petits pieds en gouttelettes cristallines. A son approche de la grotte, les plus belles vaches se levèrent comme pour la saluer... Elle les caressa toutes, l'une après l'autre, et s'étant assise, elle se mit à traire l'une d'elles... une grande vache blanche, qui se tenait immobile, les paupières demi-closes et semblait bienheureuse de sa préférence.

Quand le cuveau fut plein, Fuldrade s'empressa de revenir, et le présentant à maître Bernard :

« Buvez à même, fit-elle en souriant, le lait chaud se prend ainsi dans la montagne. »

Ce que fit le bonhomme, en la remerciant mille fois et vantant la qualité supérieure de ce lait écumeux, aromatique, formé des plantes sauvages du Schnéeberg.

Fuldrade paraissait contente de ses éloges, et Christian, qui venait de mettre sa blouse, debout derrière eux, le bâton à la main, attendit la fin de ses compliments pour s'écrier :

« En route, maître, en route !... Nous avons de l'eau maintenant... La roue de la scie va tourner six semaines sans s'arrêter... Il faut que je sois de retour pour neuf heures. »

Et ils partirent, suivant le sentier sablonneux qui longe la côte.

« Adieu, dit maître Bernard à la jeune fille, en se retournant tout ému, que le ciel vous rende heureuse ! »

Elle inclina doucement la tête sans répondre, et, les ayant suivis du regard jusqu'au détour de la vallée, elle rentra dans la hutte et fut s'asseoir à côté de la vieille.

Le lendemain, vers six heures du matin, Bernard Hertzog, de retour à Saverne, était assis devant son bureau, et consignait au chapitre des antiquités du Dagsberg sa découverte des armes mérovingiennes dans la hutte du *ségare* du Nideck.

Plus tard, il démontra que les mots Triboci, Tribocci, Tribunci, Tribochi et Triboques, se rapportent tous au même peuple et dérivent des mots germains *drayen büchen*, qui signifient trois hêtres. Il en cita comme preuve évidente les trois arbres et les trois crapauds du Nideck dont nos rois ont fait dans la suite *les trois fleurs de lis.*

Tous les antiquaires d'Alsace lui envièrent cette magnifique découverte; son nom ne fut plus invoqué sur les deux rives du Rhin que précédé des titres : *doctus, doctissimus, eruditus Bernardus...* chose qui le gonflait d'aise et lui faisait prendre une physionomie presque solennelle.

Maintenant, mes chers amis, si vous êtes curieux de savoir ce qu'est devenue la vieille Irmengarde, ouvrez le tome II des *Annales archéologiques* de Bernard Hertzog, et vous trouverez à la date du 16 juillet 1849 la note suivante :

« La vieille diseuse de légendes Irmengarde,

surnommée *l'Ame des ruines,* est morte la nuit dernière, dans la hutte du *ségare* Christian.

« Chose étonnante, à la même heure, et, pour ainsi dire, à la même minute, la grande tour du Nideck s'est écroulée dans la cascade...

« Ainsi disparaît le plus antique monument de l'architecture mérovingienne, dont l'historien Schlosser a dit : etc., etc., etc. »

LE TISSERAND

DE LA STEINBACH

« Vous parlez de la montagne, me dit un jour le vieux tisserand Heinrich, en souriant d'un air mélancolique, mais si vous voulez voir la haute montagne, ce n'est pas ici, près de Saverne, qu'il faut rester ; prenez la route du Dagsberg, descendez au Nideck, à Haslach, montez à Saint-Dié, à Gérardmer, à Retournemer ; c'est là que vous verrez la montagne, des bois, toujours des bois, des rochers, des lacs et des précipices.

On dit qu'une belle route passe maintenant sur le Honeck ; je veux le croire, mais c'est bien difficile. Le Honeck a passé cinq mille pieds de hauteur, la neige y séjourne jusqu'au mois de juillet, et ses flancs descendent à pic dans le défilé du Münster, par d'immenses rochers noirs, fendillés et hérissés de sapins, qui, d'en bas, ressemblent à des fougères. — D'en haut, vous découvrez la vallée d'Alsace, le Rhin, les Alpes bernoises, du côté de l'Allemagne; — vers la France, les lacs de Retournemer, de Longemer, et puis des montagnes... des montagnes à n'en plus finir !

Combien j'ai chassé dans ce beau pays !... Combien j'ai tué de lièvres, de chevreuils, de sangliers, le long de ces côtes boisées; de belettes, de martres et de chats sauvages dans ces bruyères; combien j'ai pêché de truites dans ces lacs ! — On me connaissait partout, de la Hoûpe à Schirmeck, de Münster à Gérardmer : « Voici Heinrich qui vient avec ses chapelets de grives et de mésanges », disait-on. Et l'on me faisait place à table ; on me coupait une large tranche de ce bon pain de ménage qui semble toujours sortir du four ; on poussait devant moi la planchette au fromage ; on remplissait mon gobelet de petit vin blanc d'Alsace. — Les jolies filles venaient s'accouder sur mes épaules, le nez retroussé, les joues roses, les lèvres humides; les vieux me serraient la main en disant : « Aurons-nous beau temps pour la fauchée, Heinrich?... Faut-il conduire les porcs à la glandée?... les bœufs à la pâture? » Et les vieilles déposaient bien vite leur balai derrière la porte, pour venir me demander des nouvelles.

Quelquefois alors, en sortant, je pendais dans la cuisine un vieux lièvre aux longues dents jaunes, au poil roux comme de la mousse desséchée ; — ou bien, en hiver, un vieux renard qu'il fallait exposer trois jours à la gelée avant d'y mordre... — Et cela suffisait, j'étais toujours l'ami de la maison, j'avais toujours mon coin à table... Oh! le bon temps... les bonnes gens... le bon pays des Vosges!...

— Mais pourquoi donc, maître Heinrich, avez-vous quitté ce beau pays, puisque vous l'aimiez tant?

— Que voulez-vous, maître Christian, l'homme n'est jamais heureux; ma vue devenait trouble, ma main commençait à trembler : plus d'un lièvre m'avait échappé... Et puis il arrivait chaque jour de nouveaux gardes... On bâtissait de nouvelles maisons forestières... Il y avait plus de procès-verbaux dressés contre moi, qu'un âne ne peut en porter à l'audience... Les gendarmes s'en mêlaient... On me cherchait partout... ma foi, j'ai quitté la partie, j'ai repris le fil et la navette, et j'ai bien fait, je ne m'en repens pas, non, je ne m'en repens pas ! »

Le front du vieillard devint sombre, il se leva et se prit à marcher lentement dans la petite chambre, les mains croisées sur le dos, les joues pâles et les yeux fixés devant lui. — Il me semblait voir un vieux loup édenté, la griffe usée, rêvant à la chasse en mangeant de la bouillie. De temps en temps, un tressaillement nerveux agitait ses lèvres, et les derniers rayons du jour, éparpillés sur le métier du tisserand, et la muraille décrépite, enluminée de vieilles gravures de Montbéliard, donnaient à cette scène je ne sais quelle physionomie mystérieuse.

Tout à coup il s'arrêta et me regardant en face :

« Eh bien ! oui, fit-il brusquement, oui, j'aurais mieux aimé périr au milieu des bois, sous la rosée du ciel, que de reprendre le métier ; mais il y avait encore autre chose. »

Il s'assit au bord de la petite fenêtre à vitraux de plomb, et regardant le soleil de ses yeux ternes :

« Un jour d'automne, en 1827, j'étais parti de Gérardmer, la carabine sur l'épaule, vers onze heures du soir, pour me rendre au Schlouck : c'est un lieu sauvage entre le Honeck et la montagne des Génisses. — On y voit tourbillonner tous les matins des couvées d'oiseaux de proie : des éperviers, des buses et quelquefois des aigles égarés dans les brouillards des Alpes... mais comme les aigles repartent généralement au petit jour, il faut y être de grand matin pour pouvoir les tirer. — On y trouve aussi des martres, des chats sauvages, des fouines, des belettes qui se nourrissent d'œufs et se plaisent au fond des cavernes.

A deux heures du matin, j'étais dans le défilé et je suivais un petit sentier qu'il faut bien connaître, car il longe les précipices ; des masses de fougères humides croissent au bord du roc, et, à trois cents pieds au-dessous, s'élèvent à peine les cimes des plus hauts sapins.

Mais à cette heure on ne voyait rien : la nuit était noire comme un four, quelques étoiles seulement brillaient au-dessus de l'abîme.

J'entendais près de moi les cris aigus des

martres : ces animaux se poursuivent la nuit comme les rats; par un beau clair de lune, on en voit quelquefois deux, trois, et plus, à la suite les uns des autres, monter les rochers aussi vite que s'ils couraient à terre.

En attendant le jour, je m'assis au pied d'un chêne pour fumer une pipe. Le temps était si calme que pas une feuille ne remuait, on aurait dit que tout était mort.

Comme je me reposais là, depuis environ un quart d'heure, rêvant à toutes sortes de choses, il me sembla voir tout à coup, au fond du gouffre, un éclair ramper sur le roc.

« Que diable cela peut-il être? » me dis-je.

Une minute après, l'éclair devint plus vif, une flamme embrassa de sa lumière pourpre plusieurs sapins, dont les ombres vacillèrent sur le torrent de la Tonkelbach. — Quelques figures noires se dessinèrent autour de la flamme, allant et venant comme des fourmis. — Des bohémiens campaient sur la roche plate, ils venaient d'allumer du feu pour préparer leur repas avant de se mettre en route.

Vous ne sauriez croire, maître Christian, combien cette halte au fond du précipice était belle! Les vieux arbres desséchés, les brindilles de lierre, les ronces et le chèvrefeuille pendus au rocher se découpaient à jour dans les airs ; mille étincelles volaient sur l'écume du torrent à perte de vue, et des lueurs étranges dansaient sous le dôme des grands chênes, comme la ronde des feux follets sur le Blokesberg.

De la hauteur où j'étais, il me semblait voir une peinture grande comme la main... une peinture de feu et d'or, sur le fond noir des ténèbres.

Longtemps je restai là tout pensif, me disant que les hommes ne sont au milieu des bois et des montagnes que de pauvres insectes perdus dans la mousse ; mille autres idées semblables me venaient à l'esprit.

A la fin, je me laissai glisser entre deux rochers, en m'accrochant aux broussailles, et je descendis sur la pente du Krappenfels, pour voir ces gens de plus près... Mais, comme la pente devenait toujours plus rapide, je m'arrêtai de nouveau près d'un arbre, à mille pieds environ au-dessus des bohémiens.

Je reconnus alors une vieille, assise près d'une chaudière... La flamme l'éclairait de profil ; elle tenait ses genoux pointus entre ses grands bras maigres, et regardait dans la marmite… Trois ou quatre petits enfants à peu près nus se traînaient autour d'elle comme des grenouilles. Plus loin, des femmes et des hommes, accroupis dans l'ombre, faisaient leurs préparatifs de départ; ils se levaient, couraient, traversaient le cercle de lumière, pour jeter des brassées de feuilles dans le feu, qui s'élevait de plus en plus, tordant des masses de fumée sombre au-dessus du vallon.

Tandis que je regardais cela tranquillement, une idée du diable me passa par la tête… une idée qui d'abord me fit rire en moi-même.

« Hé! me dis-je, si tout à coup une grosse pierre tombait du ciel au milieu de ce tas de monde… quelle mine ferait la vieille avec son nez crochu! et les autres, comme ils ouvriraient les yeux! — Hé! hé! hé! ce serait drôle. »

Mais ensuite je pensais naturellement qu'il faudrait être un scélérat, pour détacher une pierre et la rouler sur ces bohémiens, qui ne m'avaient jamais fait de mal.

« Oui… oui… me dis-je en moi-même, ce serait abominable… je ne me pardonnerais jamais de ma vie! »

Malheureusement une grosse pierre se trouvait au bout de mon pied, et je la balançais doucement... comme pour rire... »

Ici Heinrich fit une pause... il était très-pâle... Au bout de quelques secondes, il reprit :

« Voyez-vous, maître Christian, on a beau dire le contraire, la chasse est une passion diabolique... elle développe les instincts de destruction qui se trouvent au fond de notre nature, et finit par nous jouer de mauvais tours. — Si je n'avais pas été habitué à verser le sang depuis plus de trente ans, il est positif que l'idée seule que je pouvais écraser un de ces malheureux zigeiners m'aurait fait dresser les cheveux sur la tête. — J'aurais quitté la place sur-le-champ, pour ne pas succomber à la tentation... mais l'habitude de tuer rend cruel... Et puis, il faut bien le dire, une curiosité diabolique me retenait.

Je me représentais les bohémiens, consternés... la bouche béante... courant à droite et à gauche... levant les mains... poussant des cris... et grimpant à quatre pattes au milieu des rochers... avec des figures si drôles... des contorsions si bizarres... que, malgré moi, mon pied s'avançait tout doucement... tout doucement... et poussait l'énorme pierre sur la pente.

Elle partit !

D'abord elle fit un tour... lentement... J'aurais pu la retenir... Je me levai même pour m'élancer dessus, mais la pente était si roide en cet endroit, qu'au deuxième tour elle avait déjà sauté trois pieds... puis six... puis douze !... Alors, moi, debout, je sentis que je devenais pâle et que mes joues tremblaient. Le rocher montait, descendait, juste en face de la flamme... Je le voyais en l'air... puis retomber dans la nuit... et je l'entendais bondir comme un sanglier... C'était terrible !

Je jetai un cri... un cri à réveiller la montagne... Les bohémiens levèrent la tête... il était trop tard ! Au même instant, le rocher parut en l'air pour la dernière fois... et la flamme s'éteignit... »

Heinrich se tut, me fixant d'un œil hagard... La sueur perlait sur son front. — Moi, je ne disais rien... j'avais baissé la tête... Je n'osais pas le regarder !

Après quelques instants de silence, le vieux braconnier reprit :

« Voilà ce que j'ai fait, maître Christian, et

vous êtes le premier à qui j'en parle depuis ma confession au vieux curé Gottlieb, de Schirmeck... deux jours après le malheur. — Ce curé me dit : « Heinrich, l'amour du sang vous a perdu... vous avez tué une pauvre vieille femme, pour une *envie de rire*... C'est un crime épouvantable... Laissez là votre fusil, travaillez au lieu de tuer, et peut-être le Seigneur vous pardonnera-t-il un jour!... Quant à moi, je ne puis vous donner l'absolution... » Je compris que ce brave homme avait raison, que la chasse m'avait perdu. Je donnai mon chien au sabotier du Chêvrehof... J'accrochai mon fusil au mur... Je repris la navette... et me voilà! »

Heinrich se tut.

Nous restâmes longtemps assis en face l'un de l'autre, sans échanger une parole. La nuit était venue... un silence de mort planait sur le hameau de la Steinbach... et tout au loin... bien loin... sur la route de Saverne, une lourde voiture, lancée au galop, passait avec un cliquetis de ferrailles.

Vers neuf heures, la lune, commençant à paraître derrière le Schnéeberg, je me levai pour sortir. — Le vieux braconnier m'accompagna jusqu'au seuil de sa cassine.

« Pensez-vous que le Seigneur me pardonnera, maître Christian ? » dit-il en me tendant la main.

Sa voix tremblait.

« Si vous avez beaucoup souffert... Heinrich !... Souffrir, c'est expier. »

Il me regarda quelques instants sans répondre...

« Si j'ai beaucoup souffert ? fit-il enfin avec amertume... Si j'ai beaucoup souffert ? — Ah ! maître Christian, pouvez-vous me demander cela ! — Est-ce qu'un épervier peut jamais être heureux dans une cage ? Non, n'est-ce pas... On a beau lui donner les meilleurs morceaux, ça ne l'empêche pas d'être triste... Il regarde le ciel à travers les barreaux de sa cage... ses ailes tremblent... il finit par mourir. — Eh bien ! depuis dix ans, je suis comme cet épervier ! »

Il se tut quelques secondes... puis, tout à coup, comme entraîné malgré lui :

« Oh ! s'écria-t-il, les hautes montagnes !... les grandes forêts !... la solitude !... la vie des bois !... »

Il étendait les bras vers les pics lointains

des Vosges, dont les masses noires se dessinaient à l'horizon, et de grosses larmes roulaient dans ses yeux.

« Pauvre vieux! me dis-je en le quittant, pauvre vieux! »

Et je remontai tout pensif le petit sentier qui longe la côte, au milieu des bruyères.

LE
VIOLON DU PENDU

CONTE FANTASTIQUE

———

Karl Hâfitz avait passé six ans sur la méthode du contre-point ; il avait étudié Haydn, Gluck, Mozard, Beethoven, Rossini ; il jouissait d'une santé florissante et d'une fortune honnête qui lui permettait de suivre sa vocation artistique ; en un mot, il possédait tout ce qu'il faut pour composer de grande et belle musique... excepté la petite chose indispensable : l'inspiration.

Chaque jour, plein d'une noble ardeur, il

portait à son digne maitre Albertus Kilian de longues partitions très-fortes d'harmonie... mais dont chaque phrase revenait à Pierre, à Jacques, à Christophe.

Maître Albertus, assis dans son grand fauteuil, les pieds sur les chenets, le coude au coin de la table, tout en fumant sa pipe, se mettait à biffer l'une après l'autre les singulières découvertes de son élève. Karl en pleurait de rage, il se fâchait, il contestait... mais le vieux maître ouvrait tranquillement un de ses innombrables cahiers et le doigt sur le passage disait :

« Regarde, garçon ! »

Alors Karl baissait la tête et désespérait de l'avenir.

Mais un beau matin qu'il avait présenté sous son nom, à maître Albertus, une fantaisie de Baccherini variée de Viotti, le bonhomme jusqu'alors impassible se fâcha :

« Karl, s'écria-t-il, est-ce que tu me prends pour un âne ? Crois-tu que je ne m'aperçoive pas de tes indignes larcins ?...Ceci est vraiment trop fort ! »

Et le voyant consterné de son apostrophe :

« Écoute, lui dit-il, je veux bien admettre

que tu sois dupe de ta mémoire, et que tu prennes tes souvenirs pour des inventions... mais décidément tu deviens trop gras... tu bois du vin trop généreux, et surtout une quantité de chopes trop indéterminée... Voilà ce qui ferme les avenues de ton intelligence. Il faut maigrir!

— Maigrir!

— Oui!... ou renoncer à la musique. La science ne te manque pas... mais les idées... et c'est tout simple... Si tu passais ta vie à enduire les cordes de ton violon d'une couche de graisse, comment pourraient-elles vibrer? »

Ces paroles de maître Albertus furent un trait de lumière pour Hâfitz :

« Quand je devrais me rendre étique, s'écria-t-il, je ne reculerai devant aucun sacrifice. Puisque la matière opprime mon âme, je maigrirai! »

Sa physionomie exprimait en ce moment tant d'héroïsme, que maître Albertus en fut vraiment touché; il embrassa son cher élève et lui souhaita bonne chance.

Dès le jour suivant, Karl Hâfitz, le sac au dos et le bâton à la main, quittait l'hôtel des *Trois Pigeons* et la brasserie du *Roi Gambrinus* pour entreprendre un long voyage.

Il se dirigea vers la Suisse.

Malheureusement, au bout de six semaines son embonpoint était considérablement réduit, et l'inspiration ne venait pas davantage.

« Est-il possible d'être plus malheureux que moi? se disait-il. Ni le jeûne, ni la bonne chère, ni l'eau, ni le vin, ni la bière, ne peuvent monter mon esprit au diapason du sublime... Qu'ai-je donc fait pour mériter un si triste sort? Tandis qu'une foule d'ignorants produisent des œuvres remarquables, moi, avec toute ma science, tout mon travail, tout mon courage, je n'arrive à rien... Ah! le ciel n'est pas juste... non, il n'est pas juste! »

Tout en raisonnant de la sorte, il suivait la route de Bruck à Fribourg; la nuit approchait, il traînait la semelle et se sentait tomber de fatigue.

En ce moment il aperçut, au clair de lune, une vieille masure embusquée au revers du chemin, la toiture rampante, la porte disjointe, les petites vitres effondrées, la cheminée en ruine. De hautes orties et des ronces croissaient autour, et la lucarne du pignon dominait à peine les bruyères du plateau où soufflait un vent à décorner les bœufs.

Karl aperçut en même temps, à travers la brume, la branche de sapin flottant au-dessus de la porte.

« Allons, se dit-il, l'auberge n'est pas belle, elle est même un peu sinistre, mais il ne faut pas juger des choses sur l'apparence. »

Et, sans hésiter, il frappa la porte de son bâton.

« Qui est là?.. que voulez-vous? fit une voix rude de l'intérieur.

— Un abri et du pain.

— Ah! ah! bon... bon!... »

La porte s'ouvrit brusquement, et Karl se vit en présence d'un homme robuste, la face carrée, les yeux gris, les épaules couvertes d'une houppelande percée au coude, une hachette à la main.

Derrière ce personnage brillait la flamme de l'âtre, éclairant l'entrée d'une soupente, les marches d'un escalier de bois, les murailles décrépites, et, sous l'aile de la flamme, une jeune fille pâle, frêle, vêtue d'une pauvre robe de cotonnade brune à petits points blancs. Elle regardait vers la porte avec une sorte d'effroi; ses yeux noirs avaient une expression de tristesse et d'égarement indéfinissable.

Karl vit tout cela d'un coup d'œil, et serra instinctivement son bâton.

« Eh bien!... entrez donc, dit l'homme, il ne fait pas un temps à tenir les gens dehors. »

Alors lui, songeant qu'il serait maladroit d'avoir l'air effrayé, s'avança jusqu'au milieu de la baraque et s'assit sur un escabeau devant l'âtre.

« Donnez-moi votre bâton et votre sac », dit l'homme.

Pour le coup, l'élève de maître Albertus tressaillit jusqu'à la moelle des os... mais le sac était débouclé, le bâton posé dans un coin, et l'hôte assis tranquillement près du foyer, avant qu'il fût revenu de sa surprise.

Cette circonstance lui rendit un peu de calme.

« *Herr wirth* [1], dit-il en souriant, je ne serais pas fâché de souper.

— Que désire monsieur à souper? fit l'autre, gravement.

— Une omelette au lard, une cruche de vin, du fromage.

— Hé! hé! hé! Monsieur est pourvu d'un

---

1. Monsieur l'aubergiste.

excellent appétit... mais nos provisions sont épuisées.

— Épuisées?

— Oui.

— Toutes ?

— Toutes.

— Vous n'avez pas de fromage ?

— Non.

— Pas de beurre ?

— Non.

— Pas de pain... pas de lait?

— Non.

— Mais, grand Dieu! qu'avez-vous donc?

— Des pommes de terre cuites sous la cendre. »

Au même instant Karl aperçut dans l'ombre, sur les marches de l'escalier, tout un régiment de poules : blanches, noires, rousses, endormies, les unes la tête sous l'aile, les autres le cou dans les épaules ; il y en avait même une grande, sèche, maigre, hagarde, qui se peignait et se plumait avec nonchalance.

« Mais, dit Hâfitz, la main étendue, vous devez avoir des œufs?

— Nous les avons portés ce matin au marché de Bruck.

— Oh! mais alors, coûte que coûte, mettez une poule à la broche! »

A peine eut-il prononcé ces mots, que la fille pâle, les cheveux épars, s'élança devant l'escalier, s'écriant :

« Qu'on ne touche pas à mes poules... qu'on ne touche pas à mes poules... Ho! ho! ho! qu'on laisse vivre les êtres du bon Dieu! »

L'aspect de cette malheureuse créature avait quelque chose de si terrible, que Hâfitz s'empressa de répondre :

« Non, non, qu'on ne tue pas les poules... Voyons les pommes de terre... Je me voue aux pommes de terre... Je ne vous quitte plus! A cette heure, ma vocation se dessine clairement... C'est ici que je reste, trois mois... six mois... Enfin le temps nécessaire pour devenir maigre comme un fakir! »

Il s'exprimait ainsi avec une animation singulière, et l'hôte criait à la jeune fille pâle :

« Génovéva!... Génovéva... regarde... *l'Esprit* le possède... c'est comme l'autre!...

La bise redoublait dehors; le feu tourbillonnait sur l'âtre et tordait au plafond des masses de fumée grisâtre. Les poules, au reflet de la flamme, semblaient danser sur les planchettes de l'escalier, tandis que la folle chantait d'une voix perçante un vieil air bizarre, et que la bûche de bois vert, pleurant au milieu de la flamme, l'accompagnait de ses soupirs plaintifs.

Hâfitz comprit qu'il était tombé dans le repaire du sorcier Hecker; il dévora deux pommes de terre, leva la grande cruche rouge pleine d'eau, et but à longs traits. Alors le calme rentra dans son âme; il s'aperçut que la fille était partie, et que l'homme seul restait en face de l'âtre.

« *Herr wirth*, reprit-il, menez-moi dormir. »

L'aubergiste, allumant alors une lampe, monta lentement l'escalier vermoulu; il souleva une lourde trappe de sa tête grise et conduisit Karl au grenier, sous le chaume.

« Voilà votre lit, dit-il en déposant la lampe à terre, dormez-bien et surtout prenez garde au feu ! »

Puis il descendit, et Hâfitz resta seul, les reins courbés, devant une grande paillasse recouverte d'un large sac de plumes.

Il rêvait depuis quelques secondes, et se demandait s'il serait prudent de dormir, car la physionomie du vieux lui paraissait bien sinistre, lorsque, songeant à ces yeux gris clair, à cette bouche bleuâtre entourée de grosses rides, à ce front large, osseux, à ce teint jaune, tout à coup il se rappela que sur la Golgenberg se trouvaient trois pendus, et que l'un d'eux ressemblait singulièrement à son hôte... Qu'il avait aussi les yeux caves, les coudes percés, et que le gros orteil de son pied gauche sortait du soulier crevassé par la pluie.

Il se rappela de plus que ce misérable, appelé Melchior, avait fait jadis de la musique, et qu'on l'avait pendu pour avoir assommé avec sa cruche l'aubergiste du *Mouton d'Or*, qui lui réclamait un petit écu de convention.

La musique de ce pauvre diable l'avait autrefois profondément ému... Elle était fantasque... et l'élève de maître Albertus enviait le bohème ; mais en ce moment, revoyant la figure du gibet, ses haillons agités par le vent des nuits, et les corbeaux volant tout autour avec de grandes clameurs... il se sentit frissonner, et sa peur augmenta beaucoup, lorsqu'il découvrit, au fond de la soupente, contre la muraille, un violon surmonté de deux palmes flétries.

Alors il aurait voulu fuir, mais dans le même

instant la voix rude de l'hôte frappa son oreille :

« Éteignez donc la lumière ! criait-il... Couchez-vous, je vous ai dit de prendre garde au feu ! »

Ces paroles glacèrent Karl d'épouvante, il s'étendit sur la grande paillasse et souffla la lumière.

Tout devint silencieux.

Or, malgré sa résolution de ne pas fermer l'œil, à force d'entendre le vent gémir, les oiseaux de nuit s'appeler dans les ténèbres, les souris trotter sur le plancher vermoulu, vers une heure du matin, Hâfitz dormait profondément, quand un sanglot amer, poignant, douloureux, l'éveilla en sursaut... Une sueur froide couvrit sa face.

Il regarda et vit dans l'angle du toit un homme accroupi : c'était Melchior le pendu ! Ses cheveux noirs tombaient sur ses reins décharnés, sa poitrine et son cou étaient nus... On aurait dit, tant il était maigre, le squelette d'une immense sauterelle : un beau rayon de lune, entrant par la petite lucarne, l'éclairait doucement d'une lueur bleuâtre, et tout autour pendaient de longues toiles d'araignée.

Hâfitz silencieux, les yeux tout grands ouverts, la bouche béante, regardait cet être bizarre, comme on regarde la mort debout derrière les rideaux de son lit, quand la grande heure est proche.

Tout à coup le squelette étendit sa longue main sèche et saisit le violon à la muraille ; il l'appuya contre son épaule, puis, après un instant de silence, il se prit à jouer.

Il y avait dans sa musique... il y avait des notes funèbres comme le bruit de la terre croulant sur le cercueil d'un être bien aimé... — solennelles comme la foudre des cascades traînée par les échos de la montagne... — majestueuses comme les grands coups de vent d'automne au milieu des forêts sonores... — et parfois tristes... tristes comme l'incurable désespoir. — Puis, au milieu de ces sanglots, se jouait un chant léger, suave, argentin, comme celui d'une bande de gais chardonnerets voltigeant sur les buissons fleuris... — Ces trilles gracieux tourbillonnaient avec un ineffable frémissement d'insouciance et de bonheur, pour s'envoler tout à coup, effarouchés par la valse... folle... palpipante, éperdue ; — amour... joie... désespoir... tout chantait... tout pleurait...

ruisselait pêle mêle sous l'archet vibrant...

Et Karl, malgré sa terreur inexprimable, étendit les bras et criait :

« O grand... grand... grand artiste !... O génie sublime... Oh ! que je plains votre triste sort... Être pendu !... pour avoir tué cette brute d'aubergiste, qui ne connaissait pas une note de musique... Errer dans les bois au clair de lune... N'avoir plus de corps et un si beau talent... Oh ! Dieu !... »

Mais comme il s'exclamait de la sorte, la voix rude de l'hôte l'interrompit :

« Hé ! là-haut... vous tairez-vous, à la fin ? Êtes-vous malade... ou le feu est-il à la maison ? »

Et des pas lourds firent crier l'escalier de bois, une vive lumière éclaira les fentes de la porte, qui s'ouvrit d'un coup d'épaule, laissant apparaître l'aubergiste.

« Ah ! *herr wirth*, cria Hâfitz, *herr wirth*, que se passe-t-il donc ici? D'abord une musique céleste m'éveille et me ravit dans les sphères invisibles... puis voilà que tout s'évanouit comme un rêve. »

La face de l'hôte prit aussitôt une expression méditative.

« Oui, oui, murmura-t-il tout rêveur... J'aurais dû m'en douter... Melchior est encore venu troubler notre sommeil... il reviendra donc toujours !... Maintenant notre repos est perdu ; il ne faut plus songer à dormir... Allons, camarade, levez-vous... Venez fumer une pipe avec moi. »

Karl ne se fit pas prier ; il avait hâte d'aller ailleurs. Mais quand il fut en bas, voyant que la nuit était encore profonde, la tête entre les mains, les coudes sur les genoux, longtemps, longtemps, il resta plongé dans un abîme de méditations douloureuses.

L'hôte, lui, venait de rallumer le feu ; il avait repris sa place sur la chaise effondrée au coin de l'âtre, et fumait en silence.

Enfin, le jour grisâtre parut... Il regarda par les petites fenêtres ternes, puis le coq chanta... les poules sautèrent de marche en marche.

« Combien vous dois-je ? demanda Karl en bouclant son sac sur ses épaules et prenant son bâton.

— Vous nous devez une prière à la chapelle de l'abbaye Saint-Blaise, dit l'homme d'un accent étrange... une prière pour l'âme de mon fils Melchior, le pendu... et une autre pour sa fiancée... Génovéva la folle !

— C'est tout ?

— C'est tout.

— Alors, adieu ; je ne l'oublierai pas. »

En effet, la première chose que fit Karl en arrivant à Fribourg, ce fut d'aller prier Dieu pour le pauvre bohême et pour celle qu'il avait aimée... — Puis il entra chez maître Kilian, l'aubergiste de *la Grappe*, déploya son papier de musique sur la table, et s'étant fait apporter une bouteille de *rikevir*, il écrivit en tête de la première page : *Le Violon du Pendu !* » et composa, séance tenante, sa première partition vraiment originale.

L'HÉRITAGE

DE MON ONCLE CHRISTIAN

CONTE FANTASTIQUE

―――

A la mort de mon digne oncle Christian Hâas, bourgmestre de Lauterbach, j'étais déjà maître de chapelle du grand-duc Yéri-Péter et j'avais quinze cents florins de fixe, ce qui ne m'empêchait pas, comme on dit, de tirer le diable par la queue.

L'oncle Christian, qui savait très-bien ma position, ne m'avait jamais envoyé un kreutzer; aussi ne pus-je m'empêcher de répandre des larmes en apprenant sa générosité posthume : j'héritais de lui, hélas !... deux cent cinquante arpents de bonnes terres, des vignes, des vergers, un coin de forêt et sa grande maison de Lauterbach.

« Cher oncle, m'écriai-je avec attendrissement, c'est maintenant que je vois toute la profondeur de votre sagesse, et que je vous glorifie de m'avoir serré les cordons de votre bourse... L'argent que vous m'auriez envoyé... où serait-il ?... Il serait au pouvoir des Philistins et des Moabites... La petite Katel Fresserine pourrait seule en donner des nouvelles, tandis que, par votre prudence, vous avez sauvé la patrie, comme Fabius Cunctator... Honneur à vous, cher oncle Christian... honneur à vous !... »

Ayant dit ces choses bien senties, et beaucoup d'autres non moins touchantes, je partis à cheval pour Lauterbach.

Chose bizarre ! le démon de l'avarice, avec lequel je n'avais jamais rien eu à démêler, faillit alors se rendre maître de mon âme :

« Kasper, me dit-il à l'oreille, te voilà riche !... Jusqu'à présent, tu n'as poursuivi que de vains fantômes... L'amour, les plaisirs et les arts ne sont que de la fumée... Il faut être bien fou pour s'attacher à la gloire... Il n'y a de solide que les terres, les maisons et les écus placés sur première hypothèque... Renonce à tes illusions... Recule tes fossés, arrondis tes champs, entasse tes écus, et tu seras honoré, respecté... tu deviendras bourgmestre comme ton oncle, et les paysans, en te voyant passer, te tireront le chapeau d'une demi-lieue, disant : « Voilà monsieur Kasper Hâas... l'homme riche... le plus gros *herr* du pays! »

Ces idées allaient et venaient dans ma tête, comme les personnages d'une lanterne magique, et je leur trouvais un air grave, raisonnable, qui me séduisait.

C'était en plein juillet; l'alouette dévidait dans le ciel son ariette interminable, les moissons ondulaient dans la plaine, les tièdes bouffées de la brise m'apportaient le cri voluptueux de la caille et de la perdrix dans les blés; le feuillage miroitait au soleil, la Lauter murmurait à l'ombre des grands saules vermoulus... et je ne voyais, je n'entendais rien de tout cela : je voulais être bourgmestre, j'arrondissais mon ventre, je soufflais dans mes joues et je murmurais en moi-même : « Voici monsieur Kasper Hâas qui passe... l'homme riche... le plus gros *herr* du pays! Hue! Bletz... hue!... »

Et ma petite jument galopait.

J'étais curieux d'essayer le tricorne et le grand gilet écarlate de maître Christian.

« S'ils me vont, me disais-je, à quoi bon en acheter d'autres? »

Vers quatre heures de l'après-midi, le petit village de Lauterbach m'apparut au fond de la vallée, et ce n'est pas sans attendrissement que j'arrêtai les yeux sur la grande et belle maison de Christian Hâas, ma future résidence, le centre de mes exploitations et de mes propriétés. J'en admirai la situation pittoresque sur la grande route poudreuse, l'immense toiture de bardeaux grisâtres, les hangars couvrant de leurs vastes ailes les charrettes, les charrues et les récoltes... et, derrière, la basse-cour... puis le petit jardin, le verger, les vignes à mi-côte... les prairies dans le lointain.

Je tressaillis d'aise à ce spectacle.

Et comme je descendais la grande rue du village, voilà que les vieilles femmes, le menton en casse-noisette; les enfants, la tête nue, ébouriffée; les hommes coiffés du gros bonnet de loutre, la pipe à chaînette d'argent aux lèvres... voilà que toutes ces bonnes gens me contemplent et me saluent :

« Bonjour, monsieur Kasper! bonjour, monsieur Hâas! »

Et toutes les petites fenêtres se garnissent de figures émerveillées... Je suis déjà chez moi... Il me semble toujours avoir été propriétaire... notable de Lauterbach... Ma vie de maître de chapelle n'est plus qu'un rêve... mon enthousiasme pour la musique, une folie de jeunesse : — comme les écus vous modifient les idées d'un homme!

Cependant je fais halte devant la maison de M. le tabellion Becker... C'est lui qui détient mes titres de propriété et qui doit me les remettre. J'attache mon cheval à l'anneau de la porte, je saute sur le perron, et le vieux scribe, sa tête chauve découverte, sa maigre échine revêtue d'une longue robe de chambre verte à grands ramages, s'avance sur le seuil pour me recevoir.

« Monsieur Kasper Hâas, j'ai bien l'honneur de vous saluer.

— Maître Becker, je suis votre serviteur.

— Donnez-vous la peine d'entrer, monsieur Hâas.

— Après vous, maître Becker... après vous. »

Nous traversons le vestibule, et je découvre, au fond d'une petite salle propre et bien aérée, une table confortablement servie, et, près de la table, une jeune personne fraîche, gracieuse, les joues enluminées du vermillon de la pudeur.

« Monsieur Kasper Hâas! » dit le vénérable tabellion.

Je m'incline.

« Ma fille Lothe! » ajoute le brave homme.

Et tandis que je sens se réveiller en moi mes vieilles inclinations d'artiste, que j'admire le petit nez rose, les lèvres purpurines, les grands yeux bleus de mademoiselle Lothe, sa taille légère, ses petites mains potelées, maître Becker m'invite à prendre place, disant qu'il m'attendait, que mon arrivée était prévue, et qu'avant d'entamer les affaires sérieuses, il était bon de se refaire un peu de la route... de se rafraîchir d'un verre de bordeaux, etc.; toutes choses dont j'appréciai la justesse et que j'acceptai de grand cœur.

Nous prenons donc place. Nous causons de la belle nature. Je fais mes réflexions sur le vieux papa... Je suppute ce qu'un tabellion peut gagner à Lauterbach.

« Mademoiselle, me ferez-vous la grâce d'accepter une aile de poulet ?

— Monsieur, vous êtes bien bon... Avec plaisir. »

Lothe baisse les yeux... Je remplis son verre... elle y trempe ses lèvres roses... le papa est joyeux... Il cause de chasse... de pêche :

« Monsieur Hâas va sans doute se mettre aux habitudes du pays ; nous avons des garennes bien peuplées, des rivières abondantes en truites... On loue les chasses de l'administration forestière... On passe ses soirées à la brasserie... Monsieur l'inspecteur des eaux et forêts est un charmant jeune homme... Monsieur le juge de paix joue supérieurement au whist, etc. »

J'écoute... Je trouve délicieuse cette vie calme et paisible. Mademoiselle Lothe me paraît fort bien... Elle cause peu, mais son sourire est si bon, si naïf, qu'elle doit être aimante !

Enfin arrive le café... le kirsch-wasser... Mademoiselle Lothe se retire et le vieux scribe passe insensiblement de la fantaisie aux affaires sérieuses. Il me parle des propriétés de mon oncle, et je prête une oreille attentive : pas de testament, pas un legs, pas d'hypothèque... Tout est clair, net, régulier. « Heureux Kasper! me dis-je, heureux Kasper! »

Alors nous entrons dans le cabinet du tabellion pour la remise des titres. Cet air renfermé de bureau, ces grandes lignes de cartons, ces dossiers, tout cela dissipe les vaines rêveries de la fantaisie amoureuse. Je m'assieds dans un grand fauteuil, et maître Becker, l'air pensif, chausse ses lunettes de corne sur son long nez aquilin.

« Voici le titre de vos prairies de l'Eichmatt : vous avez là, monsieur Hâas, cent arpents de bonnes terres... les meilleures, les mieux irriguées de la commune... on y fait deux et même trois fauchées par an... c'est un revenu de quatre mille francs. Voici le titre de votre vignoble de Sonnethâl : trente-cinq arpents de vigne... vous faites là, bon an mal an, deux cents hectolitres de petit vin, qui se vend sur place de douze à quinze francs l'hectolitre... Les bonnes années compensent les mauvaises. Ceci, monsieur Hâas, est le titre de votre forêt du Romelstein : elle contient de cinquante à soixante hectares de bois taillis en plein rapport... Ceci vous représente vos biens de Haematt... ceci vos pâturages de Thiefenthâl... Voici le titre de propriété de la ferme de Grünerwald, et voilà celui de votre maison de Lauterbourg... cette maison, la plus grande du village, date du xvie siècle.

— Diable ! maître Becker, cela ne prouve pas en sa faveur.

— Au contraire... au contraire : Jean Burckart, comte de Barth, avait établi là sa résidence de chasse... Il est vrai que bien des générations s'y sont succédé depuis, mais on n'a pas négligé les réparations d'entretien ; elle est en parfait état de conservation. »

Je remerciai maître Becker de ses explications, et, ayant serré mes titres dans un volumineux portefeuille, que le digne homme voulut bien me prêter, je pris congé de lui, plus convaincu que jamais de ma nouvelle importance.

J'arrive en face de ma maison ; j'introduis la clef dans la serrure, et, frappant du pied la première marche :

« Ceci est à moi ! » m'écriai-je avec enthousiasme,

J'entre dans la salle : « Ceci est à moi! » J'ouvre les armoires, et, voyant le linge amoncelé jusqu'au plafond : « Ceci est à moi!... » Je monte au premier étage et je répète toujours comme un insensé : « Ceci est à moi!... ceci est à moi!... Oui... oui... je suis propriétaire! » Toutes mes inquiétudes pour l'avenir, toutes mes appréhensions du lendemain sont dissipées; je figure dans le monde, non plus par mon faible mérite de convention, par un caprice de la mode, mais par la détention réelle, effective, des biens que la foule convoite...

O poëtes!... ô artistes!... qu'êtes-vous auprès de ce gros propriétaire qui possède tout, et dont les miettes de la table nourrissent votre inspiration? Vous n'êtes que l'ornement de son banquet... la distraction de ses ennuis... la fauvette qui chante dans son buisson... la statue qui décore son jardin... Vous n'existez que par lui et pour lui! Pourquoi vous envierait-il les fumées de l'orgueil, de la vanité... lui qui possède les seules réalités de ce monde!

En ce moment, si le pauvre maître de chapelle Hâas m'était apparu... je l'aurais regardé par-dessus l'épaule... Je me serais demandé :

« Quel est ce fou?... qu'a-t-il de commun avec moi? »

J'ouvris une fenêtre... la nuit approchait...; le soleil couchant dorait mes vergers et mes vignes à perte de vue... Au sommet de la côte, quelques pierres blanches indiquaient le cimetière.

Je me retournai : une vaste salle gothique, le plafond orné de grosses moulures, s'offrit à mes regards ; j'étais dans le pavillon de chasse du seigneur Buckart.

Une antique épinette occupait l'intervalle de deux fenêtres... j'y passai les doigts avec distraction; les cordes détendues s'entre-choquèrent et nasillèrent de l'accent étrange, ironique, des vieilles femmes édentées fredonnant des airs de leur jeunesse.

Au fond de la haute salle se trouvait l'alcôve en demi-voûte, avec ses grands rideaux rouges et son lit à baldaquin... Cette vue me rappela que j'avais couru six heures à cheval, et me déshabillant avec un sourire de satisfaction indicible : « C'est pourtant la première fois, me dis-je, que je vais dormir dans mon propre lit. » Et m'étant couché, les yeux tendus sur la plaine immense déjà noyée d'ombres, je sentis mes paupières s'appesantir voluptueusement. Pas une feuille ne murmurait ; au loin, les bruits du village s'éteignaient un à un, le soleil avait disparu... quelques reflets d'or indiquaient sa trace à l'infini... Je m'endormis bientôt.

Or, il était nuit et la lune brillait de tout son éclat, lorsque je m'éveillai sans cause apparente. Les vagues parfums de l'été arrivaient jusqu'à moi... La douce odeur du foin nouvellement fauché imprégnait l'air. Je regardai tout surpris, puis je voulus me lever pour fermer la fenêtre ; mais, chose inconcevable ! ma tête était parfaitement libre, tandis que mon corps dormait d'un sommeil de plomb. A mes efforts pour me lever, pas un muscle ne répondit ; je sentais mes bras étendus près de moi, complétement inertes... mes jambes allongées, immobiles ; ma tête s'agitait en vain !

En ce moment même, la respiration profonde, cadencée du corps, m'effraya... ma tête retomba sur l'oreiller, épuisée par ses élans : « Suis-je donc paralysé des membres ! » me dis-je avec effroi.

Mes yeux se refermèrent. Je réfléchissais, dans l'épouvante, à ce singulier phénomène, et mes oreilles suivaient les pulsations anxieuses de mon cœur... le murmure précipité du sang sur lequel l'esprit n'avait aucun pouvoir.

« Comment... comment... repris-je au bout de quelques secondes... mon corps, mon propre corps refuse de m'obéir !... Kasper Hâas, le maître de tant de vignes et de gras pâturages, ne peut pas même remuer cette misérable motte de terre qui cependant est bien à lui... O Dieu !... qu'est-ce que cela veut dire ? »

Et comme je rêvais de la sorte, un faible bruit attira mon attention; la porte de mon alcôve venait de s'ouvrir : un homme... un homme vêtu d'étoffes roides, semblables à du feutre, comme les moines de la chapelle Saint-Gualber, à Mayence, le large feutre gris à plume de faucon relevé sur l'oreille... les mains enfoncées jusqu'aux coudes dans des gants de bufleterie... venait d'entrer dans la salle. Les bottes évasées de ce personnage remontaient jusqu'au-dessus des genoux; une lourde chaîne d'or, chargée de décorations, tombait sur sa poitrine... Son visage brun, osseux, aux yeux caves, avait une expression de tristesse poignante et des teintes verdâtres horribles.

Il traversa la salle d'un pas sec, comme le tic-tac d'une horloge, et, le poing sur la garde d'une immense rapière, frappant le parquet du talon, il s'écria : « Ceci est à moi!... à moi... Hans Buckart... comte de Barth. »

On eût dit une vieille machine rouillée grinçant des mots cabalistiques... J'en avais la chair de poule.

Mais au même instant la porte en face s'ouvrit, et le comte de Barth disparut dans la pièce voisine, où j'entendis son pas automatique descendre un escalier qui n'en finissait plus ; le bruit de ses talons sur chaque marche allait en s'affaiblissant par la distance, comme s'il fût descendu dans les entrailles de la terre.

Et comme j'écoutais encore, n'entendant plus rien, voilà que tout à coup la vaste salle se peuple d'une société nombreuse... l'épinette retentit... on chante... on célèbre l'amour, le plaisir, le bon vin.

Je regarde, et je vois, sur le fond bleuâtre de la lune, des jeunes femmes inclinées nonchalamment autour de l'épinette ; de précieux cavaliers, vêtus, comme au temps jadis, de colifichets sans nombre, de dentelles fabuleuses, assis, les jambes croisées, sur des tabourets à crépines d'or, se penchant, hochant la tête, se dandinant, faisant les jolis cœurs... le tout si gentiment, d'une façon si coquette, qu'on aurait dit une de ces vieilles estampes à l'eau-forte de la très-gracieuse École de Lorraine au XVIe siècle.

Et les petits doigts secs d'une respectable douairière à nez de perroquet claquetaient sur les touches de l'épinette ; les éclats de rire aigus lançaient leurs fusées stridentes à droite, à gauche, et se terminaient par un bruit de crécelle détraquée, à vous faire hérisser les cheveux sur la nuque.

Tout ce monde de folie, de savoir-vivre quintessencié et d'élégance surannée exhalait là ses eaux de rose et de réséda tournées au vinaigre.

Je fis de nouveaux efforts vraiment surhumains pour me débarrasser de ce cauchemar... Impossible ! mais au même instant, une des jeunes élégantes s'écria :

« Messeigneurs, vous êtes ici chez vous... ce domaine... »

Elle n'eut pas le temps de finir... un silence de mort suivit ces paroles. — Je regardai... la fantasmagorie avait disparu !

Alors un son de trompe frappa mes oreilles... Des chevaux piaffaient au dehors... des chiens aboyaient... et la lune calme, méditative, regardait toujours au fond de mon alcôve.

La porte s'ouvrit comme par l'effet d'un coup de vent, et cinquante chasseurs, suivis de jeunes dames, vieilles de deux siècles, à longues robes traînantes, défilèrent majestueusement d'une salle à l'autre. Quatre vilains passèrent aussi, soutenant de leurs robustes épaules un brancard à feuilles de chêne, où gisait tout sanglant, l'œil terne et la défense écumeuse, un énorme sanglier.

J'entendis les fanfares redoubler au dehors... puis s'éteindre comme un soupir dans les bois... puis... rien !

Et comme je rêvais à cette vision étrange, regardant par hasard dans l'ombre silencieuse, je vis avec stupeur la scène occupée par une de ces vieilles familles protestantes d'autrefois... calmes, dignes et solennelles dans leurs mœurs.

Là se trouvaient le patriarche à tête blanche, lisant la grande Bible; la vieille mère, haute et pâle, filant le chanvre du ménage, droite comme un fuseau, le collet monté jusqu'aux oreilles, la taille serrée de bandelettes de ratine noire, puis les enfants joufflus, l'œil rêveur, accoudés sur la table dans le plus profond silence, le vieux chien de berger attentif à la lecture, la vieille horloge dans son étui de noyer, comptant les secondes... et plus loin, dans l'ombre, quelques figures de jeunes filles, quelques bruns visages de jeunes gens à feutre noir et camisole de bure, discutant sur l'histoire de Jacob et de Rachel, en forme de déclaration d'amour.

Et cette honnête famille semblait convaincue des vérités saintes; le vieillard, de sa voix cassée, poursuivait l'histoire édifiante avec attendrissement :

« Ceci est votre terre promise... la terre
« d'Abraham... d'Isaac et de Jacob... laquelle
« je vous ai destinée depuis l'origine des siè-
« cles... afin que vous y croissiez et multipliiez
« comme les étoiles du ciel... — Et nul ne
« pourra vous la ravir, car vous êtes mon
« peuple bien-aimé... en qui j'ai mis ma con-
« fiance... »

La lune, voilée depuis quelques instants, venait de se découvrir; n'entendant plus rien, je tournai la tête... ses rayons calmes et froids éclairaient le vide de la salle : plus une figure, plus une ombre... la lumière ruisselait sur le parquet, et, dans le lointain, quelques arbres découpaient leur feuillage sur la côte lumineuse.

Mais, subitement, les hautes murailles se tapissèrent de livres... l'antique épinette fit place au bureau de quelque savant, dont l'ample perruque m'apparut au-dessus d'un fauteuil à dossier de cuir roux. J'entendis la plume d'oie courir sur le papier. L'homme, perdu dans les profondeurs de sa pensée, ne bougeait pas : ce silence m'accablait.

Mais jugez de ma stupeur lorsque, s'étant retourné, l'érudit me fit face, et que je reconnus en lui le portrait du jurisconsulte Grégorius, consigné sous le n° 253 de la galerie de Hesse-Darmstadt.

Grand Dieu ! comment ce personnage s'était-il détaché de son cadre ?

Voilà ce que je me demandais, quand d'une voix creuse il s'écria :

« *Dominium, ex jure Quiritio, est jus utendi et abutendi quatenus naturalis ratio patitur.* »

A mesure que cette formule s'échappait de

ses lèvres, sa figure pâlissait... pâlissait... Au dernier mot, elle n'existait plus !

Que vous dirai-je encore, mes chers amis ? Durant les heures suivantes je vis vingt autres générations se succéder dans l'antique castel de Hans Burckart : des chrétiens et des juifs, des nobles et des roturiers, des ignorants et des savants, des artistes et des êtres prosaïques... Et tous proclamaient leur légitime propriété, tous se croyaient maîtres souverains et définitifs de la baraque ! — Hélas ! un souffle de la mort les mettait à la porte.

J'avais fini par m'habituer à cette étrange fantasmagorie. Chaque fois que l'un de ces braves gens s'écriait : « Ceci est à moi ! » je me prenais à rire et je murmurais : « Attends, camarade, attends, tu vas t'évanouir comme les autres ! »

Enfin, j'étais las, quand au loin, bien loin, le coq chanta : le chant du coq annonce le jour ; sa voix perçante réveille les êtres endormis.

Les feuilles s'agitèrent, un frisson parcourut mon corps ; je sentis mes membres se détacher de ma couche, et me relevant sur le coude, mes regards s'étendirent avec ravissement sur la campagne silencieuse... mais ce que je vis n'était guère propre à me réjouir.

En effet, le long du petit sentier qui mène au cimetière, montait toute la procession des fantômes que j'avais vus pendant la nuit. Elle s'avançait pas à pas vers la porte vermoulue de l'enceinte, et cette marche silencieuse, sous les teintes vagues, indécises du crépuscule naissant, avait quelque chose d'épouvantable.

Et comme je restais là, plus mort que vif, la bouche béante, le front baigné de sueur froide, la tête du cortége sembla se fondre dans les vieux saules pleureurs.

Il ne restait plus qu'un petit nombre de spectres, et je commençais à reprendre haleine, quand mon oncle Christian, qui se trouvait le dernier, me parut se retourner sous la vieille porte moussue et me faire signe de venir... Une voix lointaine... ironique, me criait :

« Kasper... Kasper... viens... cette terre est à nous!... »

Puis tout disparut.

Une bande de pourpre étendue à l'horizon annonçait le jour.

Il est inutile de vous dire que je ne profitai pas de l'invitation de maître Christian Hâas...

Il faudra qu'un autre personnage me fasse signe à plusieurs reprises de venir, pour me forcer de prendre ce chemin. Toutefois, je dois vous avouer que le souvenir de mon séjour au castel de Burckart a modifié singulièrement la bonne opinion que j'avais conçue de ma nouvelle importance... car la vision de cette nuit singulière me paraît signifier que si la terre, les vergers, les prairies ne passent pas, les propriétaires passent!... chose qui fait dresser les cheveux sur la tête, lorsqu'on y réfléchit sérieusement.

Aussi, loin de m'endormir dans les délices de Capoue, je me suis remis à la musique, et je compte faire jouer l'année prochaine, sur le grand théâtre de Berlin, un opéra dont vous me donnerez des nouvelles.

En définitive, la gloire, que les gens positifs traitent de chimère, est encore la plus solide de toutes les propriétés... Elle ne finit pas avec la vie... au contraire... la mort la confirme et lui donne un nouveau lustre !

Supposons, par exemple, qu'Homère revienne en ce monde : personne ne songerait certainement à lui contester le mérite d'avoir fait l'*Iliade,* et chacun de nous s'efforcerait de rendre à ce grand homme les honneurs qui lui sont dus... Mais si, par hasard, le plus riche propriétaire de ce temps-là venait réclamer les champs... les forêts... les pâturages qui faisaient son orgueil... il y a dix à parier contre un qu'il serait reçu comme un voleur, et qu'il périrait misérablement sous le bâton...

A MON AMI JOSEPH-FÉLIX HALY

―――

HUGUES-LE-LOUP

I

Vers les fêtes de Noël de l'année 18.., un matin que je dormais profondément à l'hôtel du *Cygne*, à Tubingue, le vieux Gédéon Sperver entra dans ma chambre en s'écriant :

« Fritz… réjouis-toi !… je t'emmène au château de Nideck, à dix lieues d'ici… Tu connais Nideck… la plus belle résidence seigneuriale du pays : un antique monument de la gloire de nos pères ! »

Notez bien que je n'avais pas vu Sperver, mon respectable père nourricier, depuis seize ans; qu'il avait laissé pousser toute sa barbe, qu'un immense bonnet de peau de renard lui couvrait la nuque, et qu'il me tenait sa lanterne sous le nez.

« D'abord, m'écriai-je, procédons méthodiquement; qui êtes-vous?

— Qui je suis!... Comment, tu ne reconnais pas Gédéon Sperver, le braconnier du Schwartz-Wald?... Oh! ingrat... Moi qui t'ai nourri, élevé... moi qui t'ai appris à tendre une trappe, à guetter le renard au coin d'un bois, à lancer les chiens sur la piste du chevreuil!... Ingrat... il ne me reconnaît pas! Regarde donc mon oreille gauche qui est gelée.

— A la bonne heure!... Je reconnais ton oreille gauche... Maintenant, embrassons-nous. »

Nous nous embrassâmes tendrement, et Sperver, s'essuyant les yeux du revers de la main, reprit :

« Tu connais Nideck?

— Sans doute...de réputation...Que fais-tu là?

— Je suis premier piqueur du comte.

— Et tu viens de la part de qui?

— De la jeune comtesse Odile.

— Bon... quand partons-nous ?

— A l'instant même. Il s'agit d'une affaire urgente ; le vieux comte est malade, et sa fille m'a recommandé de ne pas perdre une minute. Les chevaux sont prêts...

— Mais, mon cher Gédéon, vois donc le temps qu'il fait : depuis trois jours, il ne cesse pas de neiger.

— Bah ! bah ! Suppose qu'il s'agisse d'une partie de chasse au sanglier, mets ta rhingrave, attache tes éperons, et en route ! Je vais faire préparer un morceau. »

Il sortit.

« Ah ! reprit le brave homme en revenant, n'oublie pas de jeter ta pelisse par là-dessus. »

Puis il descendit.

Je n'ai jamais su résister au vieux Gédéon ; dès mon enfance, il obtenait tout de moi avec un hochement de tête, un mouvement d'épaule... Je m'habillai donc et ne tardai pas à le suivre dans la grande salle.

« Hé ! je savais bien que tu ne me laisserais pas partir seul, s'écria-t-il tout joyeux. Dépêche-moi cette tranche de jambon sur le pouce et buvons le coup de l'étrier, car les chevaux s'impatientent... A propos, j'ai fait mettre ta valise en croupe.

— Comment, ma valise?

— Oui, tu n'y perdras rien; il faut que tu restes quelques jours au Nideck, c'est indispensable, je t'expliquerai ça tout à l'heure. »

Nous descendîmes dans la cour de l'hôtel.

En ce moment, deux cavaliers arrivaient; ils semblaient harassés de fatigue; leurs chevaux étaient blancs d'écume. Sperver, grand amateur de la race chevaline, fit une exclamation de surprise :

« Les belles bêtes!... des valaques... quelle finesse! de vrais cerfs... Allons, Niclause... allons donc, dépêche-toi de leur jeter une housse sur les reins... le froid pourrait les saisir. »

Les voyageurs, enveloppés de fourrures blanches d'Astrakan, passèrent près de nous comme nous mettions le pied à l'étrier; je découvris seulement la longue moustache brune de l'un deux, et ses yeux noirs d'une vivacité singulière.

Ils entrèrent dans l'hôtel.

Le palefrenier tenait nos chevaux en main; il nous souhaita un bon voyage, et lâcha les rênes.

Nous voilà partis.

Sperver montait un mecklembourg pur sang, moi un petit cheval des Ardennes plein d'ardeur; nous volions sur la neige... En dix minutes nous eûmes dépassé les dernières maisons de Tubingue.

Le temps commençait à s'éclaircir. Aussi loin que pouvaient s'étendre nos regards, nous ne voyions plus trace de route, de chemin, ni de sentier. Nos seuls compagnons de voyage étaient les corbeaux du Schwartz-Wald, déployant leurs grandes ailes creuses sur les monticules de neige, voltigeant de place en place et criant d'une voix rauque : Misère!... misère!... misère!...

Gédéon, avec sa grande figure couleur de vieux buis, sa pelisse de chat sauvage, et son bonnet de fourrure à longues oreilles pendantes, galopait devant moi, sifflant je ne sais quel motif du *Freyschutz*; parfois il se retournait, et je voyais alors une goutte d'eau limpide scintiller, en tremblotant, au bout de son long nez crochu.

« Hé! hé! Fritz, me disait-il, voilà ce qui s'appelle une jolie matinée d'hiver.

— Sans doute, mais un peu rude.

« — J'aime le temps sec, moi.... ça vous rafraîchit le sang... Si le vieux pasteur Tobie avait le courage de se mettre en route par un temps pareil, il ne sentirait plus ses rhumatismes. »

Je souriais du bout des lèvres.

Après une heure de course furibonde, Sperver ralentit sa marche, et vint se placer côte à côte avec moi.

« Fritz, me dit-il d'un accent plus sérieux, il est pourtant nécessaire que tu connaisses le motif de notre voyage.

— J'y pensais.

— D'autant plus qu'un grand nombre de médecins ont déjà visité le comte.

— Ah!

— Oui... il nous en est venu de Berlin, en grande perruque, qui ne voulaient voir que la langue du malade... de la Suisse, qui ne regardaient que ses urines... et de Paris, qui se mettaient un petit morceau de verre dans l'œil pour observer sa physionomie... Mais tous y ont perdu leur latin et se sont fait payer grassement leur ignorance.

— Diable! comme tu nous traites!

— Je ne dis pas ça pour toi, au contraire, je

te respecte, et s'il m'arrivait de me casser une jambe, j'aimerais mieux me confier à toi qu'à n'importe quel autre médecin ; mais, pour ce qui est de l'intérieur du corps, vous n'avez pas encore découvert de lunette pour voir ce qui s'y passe.

— Qu'en sais-tu?

A cette réponse, le brave homme me regarda de travers.

« Serait-ce un charlatan comme les autres? » pensait-il...

Pourtant il reprit :

« Ma foi, Fritz, si tu possèdes une telle lunette, elle viendra fort à propos, car la maladie du comte est précisément à l'intérieur : c'est une maladie terrible, quelque chose dans le genre de la rage. Tu sais que la rage se déclare au bout de neuf heures, de neuf jours ou de neuf semaines?

— On le dit, mais, ne l'ayant pas observé par moi-même, j'en doute.

— Tu n'ignores pas, au moins, qu'il y a des fièvres de marais qui reviennent tous les trois, six ou neuf ans. Notre machine a de singuliers engrenages. Quand cette maudite horloge est remontée d'une certaine façon, la fièvre, la colique ou le mal de dents vous reviennent à minute fixe.

— Eh ! mon pauvre Gédéon, à qui le dis-tu?... ces maladies périodiques font mon désespoir...

— Tant pis... la maladie du comte est périodique... elle revient tous les ans, le même jour, à la même heure ; sa bouche se remplit d'écume, ses yeux deviennent blancs comme des billes d'ivoire ; il tremble des pieds à la tête et ses dents grincent les unes contre les autres.

— Cet homme a sans doute éprouvé de grands chagrins ?

— Non ! Si sa fille voulait se marier, ce serait l'homme le plus heureux du monde. Il est puissant, riche, comblé d'honneurs. Il a tout ce que les autres désirent. Malheureusement, sa fille refuse tous les partis qui se présentent. Elle veut se consacrer à Dieu, et ça le chagrine de penser que l'antique race des Nideck va s'éteindre.

— Comment sa maladie s'est-elle déclarée?

— Tout à coup, il y a douze ans. »

En ce moment le brave homme parut se recueillir ; il sortit de sa veste un tronçon de pipe et le bourra lentement, puis l'ayant allumé :

« Un soir, dit-il, j'étais seul avec le comte dans la salle d'armes du château. C'était vers les fêtes de Noël. Nous avions couru le sanglier toute la journée dans les gorges du Rhéthâl, et nous étions rentrés, à la nuit close, rapportant avec nous deux pauvres chiens, éventrés depuis la queue jusqu'à la tête. Il faisait juste un temps comme celui-ci : froid et neigeux. Le comte se promenait de long en large dans la salle, la tête penchée sur la poitrine et les mains derrière le dos, comme un homme qui réfléchit profondément. De temps en temps il s'arrêtait pour regarder les hautes fenêtres où s'accumulait la neige ; moi, je me chauffais sous le manteau de la cheminée en pensant à mes chiens, et je maudissais intérieurement tous les sangliers du Schwartz-Wald. Il y avait bien deux heures que tout le monde dormait au Nideck, et l'on n'entendait plus rien que le bruit des grandes bottes éperonnées du comte sur les dalles. Je me rappelle parfaitement qu'un corbeau, sans doute chassé par un coup de vent, vint battre les vitres de l'aile, en jetant un cri lugubre, et que tout un pan de neige se détacha... De blanches qu'elles étaient, les fenêtres devinrent toutes noires de ce côté.

— Ces détails ont-ils du rapport avec la maladie de ton maître?

— Laisse-moi finir... tu verras. A ce cri, le comte s'était arrêté, les yeux fixes, les joues pâles et la tête penchée en avant, comme un chasseur qui entend venir la bête. Moi, je me chauffais toujours, et je pensais : « Est-ce qu'il n'ira pas se coucher bientôt? » Car, pour dire la vérité, je tombais de fatigue. Tout cela, Fritz, je le vois... j'y suis!... A peine le corbeau avait-il jeté son cri dans l'abîme, que la vieille horloge sonnait onze heures. — Au même instant, le comte tourne sur ses talons; il écoute... ses lèvres remuent; je vois qu'il chancelle comme un homme ivre. Il étend les mains... les mâchoires serrées... les yeux blancs. Moi, je lui crie : « Monseigneur, qu'avez-vous? » Mais il se met à rire comme un fou, trébuche et tombe sur les dalles, la face contre terre... Aussitôt, j'appelle au secours; les domestiques arrivent. Sébalt prend le comte par les jambes, moi par les épaules, nous le transportons sur le lit qui se trouve près de la fenêtre; et comme j'étais en train de couper sa cravate avec mon couteau de chasse, car je croyais à une attaque d'apoplexie, voilà que la comtesse entre et se jette sur le corps du comte, en poussant des cris si déchirants, que je frissonne encore rien que d'y penser! »

Ici, Gédéon ôta sa pipe, il la vida lentement sur le pommeau de sa selle, et poursuivit d'un air mélancolique :

« Depuis ce jour-là, Fritz, le diable s'est logé dans les murs de Nideck, et paraît ne plus vouloir en sortir. Tous les ans, à la même époque, à la même heure, les frissons prennent le comte. Son mal dure de huit à quinze jours, pendant lesquels il jette des cris à vous faire dresser les cheveux sur la tête! Puis il se remet lentement, lentement. Il est faible, pâle, il se traîne de chaise en chaise, et, si l'on fait le moindre bruit, si l'on remue, il se retourne... Il a peur de son ombre. La jeune comtesse, la plus douce des créatures qui soit au monde, ne le quitte pas, mais lui ne peut la voir : « Va-t'en ! Va-t'en! crie-t-il les mains étendues. Oh! laisse-moi! laisse-moi! n'ai-je pas assez souffert? ». C'est horrible de l'entendre, et moi, moi, qui l'accompagne de près à la chasse... qui sonne du cor lorsqu'il frappe la bête... moi, qui suis le premier de ses serviteurs... moi, qui me ferais casser la tête pour son service... eh bien, dans ces moments-là, je voudrais l'étrangler, tant c'est abominable de voir comme il traite sa propre fille ! »

Sperver, dont la rude physionomie avait pris une expression sinistre, piqua des deux, et nous fîmes un temps de galop.

J'étais devenu tout pensif. La cure d'une telle maladie me paraissait fort douteuse, presque impossible... C'était évidemment une maladie morale ; pour la combattre, il aurait fallu remonter à sa cause première, et cette cause se perdait sans doute dans le lointain de l'existence.

Toutes ces pensées m'agitaient. Le récit du vieux piqueur, bien loin de m'inspirer de la confiance, m'avait abattu : triste disposition pour obtenir un succès ! Il était environ trois heures, lorsque nous découvrîmes l'antique castel du Nideck, tout au bout de l'horizon. Malgré la distance prodigieuse, on distinguait de hautes tourelles, suspendues en forme de hotte aux angles de l'édifice. Ce n'était encore qu'un vague profil, se détachant à peine sur l'azur du ciel ; mais, insensiblement, les teintes rouges du granit des Vosges apparurent.

En ce moment Sperver ralentit sa marche et s'écria :

« Fritz, il faut arriver avant la nuit close... En avant !... »

Mais il eut beau éperonner, son cheval restait immobile, arc-boutant ses jambes de devant avec horreur, hérissant sa crinière, et lançant de ses naseaux dilatés deux jets de vapeur bleuâtre.

« Qu'est-ce que cela ? s'écria Gédéon tout surpris... Ne vois-tu rien, Fritz ?... est-ce que... »

Il ne termina point sa phrase, et m'indiquant, à cinquante pas, au revers de la côte, un être accroupi dans la neige :

« La Peste-Noire ! » fit-il d'un accent si troublé que j'en fus moi-même tout saisi.

Et suivant du regard la direction de son geste, j'aperçus avec stupeur une vieille femme, les jambes recoquillées entre les bras, et si misérable, que ses coudes, couleur de brique, sortaient à travers ses manches. Quelques mèches de cheveux gris pendaient autour de son cou, long, rouge et nu, comme celui d'un vautour.

Chose bizarre, un paquet de hardes reposait sur ses genoux, et ses yeux hagards s'étendaient au loin sur la plaine neigeuse.

Sperver avait repris sa course à gauche, traçant un immense circuit autour de la vieille. J'eus peine à le rejoindre.

« Ah çà, lui criai-je, que diable fais-tu? C'est une plaisanterie?

— Une plaisanterie!. Non! non! Dieu me garde de plaisanter sur un pareil sujet... Je ne suis pas superstitieux... mais cette rencontre me fait peur. »

Alors, tournant la tête, et voyant que la vieille ne bougeait pas, et que son regard suivait toujours la même direction, il parut se rassurer un peu.

« Fritz, me dit-il d'un air solennel, tu es un savant, tu as étudié bien des choses dont je ne connais pas la première lettre... eh bien, apprends de moi qu'on a toujours tort de rire de ce qu'on ne comprend pas... Ce n'est pas sans raison que j'appelle cette femme : la Peste-Noire... Dans tout le Schwartz-Wald elle n'a pas d'autre nom; mais c'est ici, au Nideck, qu'elle le mérite surtout ! »

Et le brave homme poursuivit son chemin sans ajouter un mot.

« Voyons, Sperver, explique-toi plus clairement, lui dis-je, car je n'y comprends rien.

— Oui, c'est notre perte à tous, cette sorcière que tu vois là-bas, c'est d'elle que vient tout le mal… c'est elle qui tue le comte !

— Comment est-ce possible ? comment peut-elle exercer une semblable influence ?

— Que sais-je, moi ? Ce qu'il y a de positif, c'est qu'au premier jour du mal… au moment où le comte est saisi de son attaque… vous n'avez qu'à monter sur la tour des signaux, qu'à promener vos regards sur la plaine, et vous découvrez la Peste-Noire, comme une tache, entre la forêt de Tubingue et le Nideck. Elle est là, seule, accroupie. Chaque jour elle se rapproche un peu, et les attaques du comte deviennent plus terribles ; on dirait qu'il l'entend venir ! Quelquefois, le premier jour, aux premiers frissons, il me dit : « Gédéon… elle vient ! » Moi, je lui tiens le bras pour l'empêcher de trembler ; mais il répète toujours en bégayant… les yeux écarquillés : « Elle vient ! ho ! ho ! elle vient !… » Alors, je monte dans la tour de Hugues ; je regarde longtemps… Tu sais, Fritz, que j'ai de bons yeux. A la fin, dans les brumes lointaines, entre ciel et terre, j'aperçois un point noir. Le lendemain, le point noir est plus gros : le comte de Nideck se couche en claquant des dents. Le lendemain, on découvre clairement la vieille, à deux portées de carabine, dans la plaine : les attaques commencent, le comte crie !... Le lendemain, la sorcière est au pied de la montagne... alors le comte a les machoires serrées comme un étau... il écume... ses yeux tournent... Oh ! la misérable !... Et dire que je l'ai eue vingt fois au bout de ma carabine et que ce pauvre comte m'a empêché de lui envoyer une balle. Il criait : « Non, Sperver, non, pas de sang !... » Pauvre homme, ménager celle qui le tue... car elle le tue, Fritz... Il n'a déjà plus que la peau et les os ! »

Mon brave ami Gédéon était trop prévenu contre la vieille pour qu'il me fût possible de le ramener au sens commun. D'ailleurs, quel homme oserait tracer les limites du possible ? chaque jour ne voit-il pas étendre le champ de la réalité ! Ces influences occultes, ces rapports mystérieux, ces affinités invisibles, tout ce monde magnétique que les uns proclament avec toute l'ardeur de la foi, que les autres contestent d'un air ironique, qui nous répond que demain il ne fera pas explosion au milieu de nous ? Il est si facile de faire du bon sens avec l'ignorance universelle!

Je me bornai donc à prier Sperver de modérer sa colère et surtout de bien se garder de faire feu sur la Peste-Noire, le prévenant que cela lui porterait malheur.

« Bah! je m'en moque, dit-il, le pis qui puisse m'arriver, c'est d'être pendu.

— C'est déjà beaucoup trop, pour un honnête homme.

— Hé! c'est une mort comme une autre. On suffoque, voilà tout. J'aime autant ça que de recevoir un coup de marteau sur la tête, comme dans l'apoplexie, ou de ne pouvoir plus dormir, fumer, avaler, digérer, éternuer, comme dans les autres maladies.

— Pauvre Gédéon, tu raisonnes bien mal pour une barbe grise.

— Barbe grise tant que tu voudras... c'est ma manière de voir... J'ai toujours un canon de mon fusil chargé à balle au service de la sorcière; de temps en temps j'en renouvelle l'amorce, et si l'occasion se présente... »

Il termina sa pensée par un geste expressif.

« Tu auras tort, Sperver, tu auras tort... Je suis de l'avis du comte de Nideck : « Pas de « sang ! » Un grand poëte a dit : — « Tous les

« flots de l'Océan ne peuvent laver une goutte « de sang humain ! » — Réfléchis à cela, camarade, et décharge ton fusil contre un sanglier à la première occasion. »

Ces paroles parurent faire impression sur l'esprit du vieux braconnier, il baissa la tête et sa figure prit une expression pensive.

Nous gravissions alors les pentes boisées qui séparent le misérable hameau de Tiefenbach du château du Nideck.

La nuit était venue. Comme il arrive presque toujours après une claire et froide journée d'hiver, la neige recommençait à tomber, de larges flocons venaient se fondre sur la crinière de nos chevaux qui hennissaient doucement et doublaient le pas, excités sans doute par l'approche du gîte.

De temps en temps, Sperver regardait en arrière, avec une inquiétude visible, et moi-même je n'étais pas exempt d'une certaine appréhension indéfinissable, en songeant à l'étrange description que le piqueur m'avait faite de la maladie de son maître.

D'ailleurs, l'esprit de l'homme s'harmonise avec la nature qui l'entoure, et, pour mon compte, je ne sais rien de triste comme une forêt chargée de givre et secouée par la bise : les arbres ont un air morne et pétrifié qui fait mal à voir.

A mesure que nous avancions, les chênes devenaient plus rares, quelques bouleaux, droits et blancs comme des colonnes de marbre, apparaissaient de loin en loin, tranchant sur le verre sombre des mélèzes, lorsque tout à coup, au sortir d'un fourré, le vieux burg dressa brusquement devant nous sa haute masse noire piquée de points lumineux.

Sperver s'était arrêté en face d'une porte creusée en entonnoir entre deux tours, et fermée par un grillage de fer.

« Nous y sommes ! » s'écria-t-il en se penchant sur le cou de son cheval.

Il saisit le pied de cerf, et le son clair d'une cloche retentit au loin.

Après quelques minutes d'attente, une lanterne apparut dans les profondeurs de la voûte, étoilant les ténèbres, et nous montrant, dans son auréole, un petit homme bossu, à barbe jaune, large des épaules, et fourré comme un chat.

Vous eussiez dit, au milieu des grandes ombres, quelque gnome traversant un rêve des *Niebelungen*.

Il s'avança lentement et vint appliquer sa large figure plate contre le grillage, écarquillant les yeux et s'efforçant de nous voir dans la nuit.

« Est-ce toi, Sperver? fit-il d'une voix enrouée.

— Ouvriras-tu, Knapwurst, s'écria le piqueur... Ne sens-tu pas qu'il fait un froid de loup?

— Ah! je te reconnais, dit le petit homme. Oui... oui... c'est bien toi... Quand tu parles, on dirait que tu vas avaler les gens ! »

La porte s'ouvrit, et le gnome, élevant vers moi sa lanterne avec une grimace bizarre, me salua d'un : « *Wilkom, herr docter* (soyez le bien-venu, monsieur le docteur) », qui semblait vouloir dire : « Encore un qui s'en ira comme les autres ! » Puis il referma tranquillement la grille, pendant que nous mettions pied à terre, et vint ensuite prendre la bride de nos chevaux.

II

En suivant Sperver, qui montait l'escalier d'un pas rapide, je pus me convaincre que le château du Nideck méritait sa réputation. C'était une véritable forteresse taillée dans le roc, ce qu'on appelait château d'embuscade autrefois. Ses voûtes, hautes et profondes, répétaient au loin le bruit de nos pas, et l'air du dehors, pénétrant par les meurtrières, faisait vaciller la flamme des torches engagées de distance en distance dans les anneaux de la muraille.

Sperver connaissait tous les recoins de cette vaste demeure; il tournait tantôt à droite, tantôt à gauche. Je le suivais hors d'haleine. Enfin il s'arrêta sur un large palier et me dit :

« Fritz, je vais te laisser un instant avec les gens du château, pour aller prévenir la jeune comtesse Odile de ton arrivée.

— Bon ! fais ce que tu jugeras nécessaire.

— Tu trouveras là notre majordome, Tobie

Offenloch, un vieux soldat du régiment de Nideck ; il a fait jadis la campagne de France sous le comte.

— Très-bien !

— Tu verras aussi sa femme, une Française, nommée Marie Lagoutte, qui se prétend de bonne famille.

— Pourquoi pas?

— Oui; mais, entre nous, c'est tout bonnement une ancienne cantinière de la grande-armée. Elle nous a ramené Tobie Offenloch sur sa charrette, avec une jambe de moins, et le pauvre homme l'a épousée par reconnaissance... tu comprends...

— Cela suffit... Ouvre toujours... Je gèle... »

Et je voulus passer outre; mais Sperver, entêté comme tout bon Allemand, tenait à m'édifier sur le compte des personnages avec lesquels j'allais me trouver en relation. Il poursuivit donc en me retenant par les brandebourgs de ma rhingrave :

« De plus, tu trouveras Sébalt Kraft, le grand veneur, un garçon triste, mais qui n'a pas son pareil pour sonner du cor; Karl Trumpf; le sommelier, Christian Becker; enfin, tout notre monde, à moins qu'ils ne soient déjà couchés ! »

Là-dessus, Sperver poussa la porte, et je restai tout ébahi sur le seuil d'une salle haute et sombre : la salle des anciens gardes du Nideck.

Au premier abord, je remarquai trois fenêtres au fond, dominant le précipice. A droite, une sorte de buffet en vieux chêne bruni par le temps ; sur le buffet un tonneau, des verres, des bouteilles. A gauche, une cheminée gothique à large manteau, empourprée par un feu splendide, et décorée, sur chaque face, de sculptures représentant les différents épisodes d'une chasse au sanglier au moyen âge ; enfin, au milieu de la salle, une longue table, et sur la table une lanterne gigantesque, éclairant une douzaine de canettes à couvercle d'étain.

Je vis tout cela d'un coup d'œil, mais ce qui me frappa le plus, ce furent les personnages.

Je reconnus d'abord le majordome à sa jambe de bois : un petit homme, gros, court, replet, le teint coloré, le ventre tombant sur les cuisses, le nez rouge et mamelonné comme une framboise mûre ; il portait une énorme perruque couleur de chanvre, formant bourrelet sur la nuque, un habit de peluche vert-pomme, à boutons d'acier larges comme des écus de six livres ; la culotte de velours, les bas de soie, et les souliers à boucles d'argent. Il était en train de tourner le robinet du tonneau ; un air de jubilation inexprimable épanouissait sa face rubiconde, et ses yeux, à fleur de tête, brillaient de profil comme des verres de montre.

Sa femme, la digne Marie Lagoutte, vêtue d'une robe de stoff à grands ramages, la figure longue et jaune comme un vieux cuir de Cordoue, jouait aux cartes avec deux serviteurs, gravement assis dans des fauteuils à dossier droit. De petites chevilles fendues pinçaient l'organe olfactif de la vieille et celui d'un autre joueur, tandis que le troisième clignait de l'œil d'un air malin et paraissait jouir de les voir courbés sous cette espèce de fourches caudines.

« Combien de cartes ? demandait-il.

— Deux, répondait la vieille.

— Et toi, Christian ?

— Deux...

— Ha ! ha !... Je vous tiens !... Coupez le roi ! coupez l'as !... Et celle-ci, et celle-là... Ha ! ha ! ha ! Encore une cheville, la mère ! Ça vous apprendra, une fois de plus, à nous vanter les jeux de France!

— Monsieur Christian, vous n'avez pas d'égards pour le beau sexe.

— Au jeu de cartes, on ne doit d'égards à personne.

— Mais vous voyez bien qu'il n'y a plus de place !

— Bah! bah! avec un nez comme le vôtre, il y a toujours de la ressource. »

En ce moment Sperver s'écria :

« Camarades, me voici !

— Hé! Gédéon... Déjà de retour? »

Marie Lagoutte secoua bien vite ses nombreuses chevilles. Le gros majordome vida son verre... Tout le monde se tourna de notre côté.

« Et Monseigneur va-t-il mieux?

— Heu! fit le majordome en allongeant la lèvre inférieure, heu!

— C'est toujours la même chose?

— A peu près, dit Marie Lagoutte, qui ne me quittait pas de l'œil. »

Sperver s'en aperçut.

« Je vous présente mon fils : le docteur Fritz, du Schwartz-Wald, dit-il fièrement. Ah! tout va changer ici, maître Tobie. Maintenant que

Fritz est arrivé, il faut que cette maudite migraine s'en aille. Si l'on m'avait écouté plus tôt... Enfin, il vaut mieux tard que jamais. »

Marie Lagoutte m'observait toujours. Cet examen parut la satisfaire, car, s'adressant au majordome :

« Allons donc, monsieur Offenloch...; allons donc, s'écria-t-elle, remuez-vous... Présentez un siége à monsieur le docteur... Vous restez là, bouche béante comme une carpe... Ah! monsieur... ces Allemands... »

Et la bonne femme, se levant comme un ressort, accourut me débarrasser de mon manteau.

« Permettez, monsieur...

— Vous êtes trop bonne, ma chère dame.

— Donnez, donnez toujours... Il fait un temps... Ah! monsieur, quel pays!...

— Ainsi, Monseigneur ne va ni mieux ni plus mal, reprit Sperver en secouant son bonnet couvert de neige... nous arrivons à temps... Hé! Kasper! Kasper!... »

Un petit homme, plus haut d'une épaule que de l'autre, et la figure saupoudrée d'un milliard de taches de rousseur, sortit de la cheminée :

« Me voici!

— Bon ! tu vas faire préparer pour monsieur le docteur la chambre qui se trouve au bout de la grande galerie, la chambre de Hugues... tu sais ?

— Oui, Sperver, tout de suite.

— Un instant. Tu prendras, en passant, la valise du docteur... Knapwurst te la remettra. Quant au souper...

— Soyez tranquille, je m'en charge.

— Très-bien, je compte sur toi. »

Le petit homme sortit, et Gédéon, après s'être débarrassé de sa pelisse, nous quitta pour aller prévenir la jeune comtesse de mon arrivée.

J'étais vraiment confus de l'empressement de Marie Lagoutte.

« Otez-vous donc de là, Sébalt, disait-elle au grand veneur, vous vous êtes assez rôti, j'espère, depuis ce matin. Asseyez-vous près du feu, monsieur le docteur, vous devez avoir froid aux pieds. Allongez vos jambes... C'est cela. »

Puis, me présentant sa tabatière :

« En usez-vous ?

— Non, ma chère dame, merci.

— Vous avez tort, dit-elle en se bourrant le

nez de tabac, vous avez tort : c'est le charme de l'existence. »

Elle remit sa tabatière dans la poche de son tablier, et reprit après quelques instants :

« Vous arrivez à propos : Monseigneur a eu hier sa deuxième attaque, une attaque furieuse, n'est-ce pas, monsieur Offenloch?

— Furieuse est le mot, fit gravement le majordome.

— Ce n'est pas étonnant, reprit-elle, quand un homme ne se nourrit pas ; car il ne se nourrit pas, monsieur. Figurez-vous que je l'ai vu passer deux jours sans prendre un bouillon.

— Et sans boire un verre de vin, » ajouta le majordome, en croisant ses petites mains replètes sur sa bedaine.

Je crus devoir hocher la tête pour témoigner ma surprise.

Aussitôt, maître Tobie Offenloch vint s'asseoir à ma droite et me dit :

« Monsieur le docteur, croyez-moi, ordonnez-lui une bouteille de markobrünner par jour.

— Et une aile de volaille à chaque repas, interrompit Marie Lagoutte. Le pauvre homme est maigre à faire peur.

— Nous avons du markobrünner de soixante

ans, reprit le majordome, et du johannisberg de l'an XI, car les Français ne l'ont pas tout bu, comme le prétend Madame Offenloch. Vous pourriez aussi lui ordonner de boire de temps en temps un bon coup de johannisberg : il n'y a rien comme ce vin-là, pour remettre un homme sur pied.

— Dans le temps, dit le grand veneur d'un air mélancolique, dans le temps, Monseigneur faisait deux grandes chasses par semaine : il se portait bien; depuis qu'il n'en fait plus, il est malade.

— C'est tout simple, observa Marie Lagoutte, le grand air ouvre l'appétit. Monsieur le docteur devrait lui ordonner trois grandes chasses par semaine, pour rattraper le temps perdu.

— Deux suffiraient, reprit gravement le veneur, deux suffiraient. Il faut aussi que les chiens se reposent; les chiens sont des créatures du bon Dieu comme les hommes. »

Il y eut quelques instants de silence, pendant lesquels j'entendis le vent fouetter les vitres et s'engouffrer dans les meurtrières avec des sifflements lugubres.

Sébalt avait mis sa jambe droite sur sa jambe gauche, et, le coude sur le genou, le menton dans la main, il regardait le feu avec un air de tristesse inexprimable. Marie Lagoutte, après avoir pris une nouvelle prise, arrangeait son tabac dans sa tabatière, et moi, je réfléchissais à l'étrange infirmité qui nous porte à nous poursuivre réciproquement de nos conseils.

En ce moment, le majordome se leva.

«Monsieur le docteur boira bien un verre de vin? dit-il en s'appuyant au dos de mon fauteuil.

— Je vous remercie, je ne bois jamais avant d'aller voir un malade.

— Quoi! pas même un petit verre de vin?

— Pas même un petit verre de vin.»

Il ouvrit de grands yeux et regarda sa femme d'un air tout surpris.

«Monsieur le docteur a raison, dit-elle, je suis comme lui... j'aime mieux boire en mangeant... et prendre un verre de cognac après... dans mon pays, les dames prennent leur cognac... C'est plus distingué que le kirsch!»

Marie Lagoutte terminait à peine ces explications, lorsque Sperver entr'ouvrit la porte et me fit signe de le suivre.

Je saluai l'honorable compagnie, et, comme j'entrais dans le couloir, j'entendis la femme du majordome dire à son mari :

« Il est très-bien, ce jeune homme, ça ferait un beau carabinier ! »

Sperver paraissait inquiet; il ne disait rien; j'étais moi-même tout pensif.

Quelques pas sous les voûtes ténébreuses du Nideck effacèrent complétement de mon esprit les figures grotesques de maître Tobie et de Marie Lagoutte : pauvres petits êtres inoffensifs, vivant, comme l'ornithomyse, sous l'aile puissante du vautour.

Bientôt, Gédéon m'ouvrit une pièce somptueuse, tendue de velours violet pavillonné d'or. Une lampe de bronze, posée sur le coin de la cheminée et recouverte d'un globe de cristal dépoli, l'éclairait vaguement. D'épaisses fourrures amortissaient le bruit de nos pas : on eût dit l'asile du silence et de la méditation.

En entrant, Sperver souleva un flot de sourdes draperies qui voilaient une fenêtre en ogive. Je le vis plonger son regard dans l'abîme et je compris sa pensée : il regardait si la sorcière était toujours là-bas, accroupie dans la neige, au milieu de la plaine; mais il ne vit rien, car la nuit était profonde.

Moi, j'avais fait quelques pas, et je distinguais, au pâle rayonnement de la lampe, une blanche et frêle créature, assise dans un fauteuil de forme gothique, non loin du malade : c'était Odile de Nideck. Sa longue robe de soie noire, son attitude rêveuse et résignée, la distinction idéale de ses traits, rappelaient ces créations mystiques du moyen âge, que l'art moderne abandonne sans réussir à les faire oublier.

Que se passa-t-il dans mon âme à la vue de cette blanche statue ? Je l'ignore. Il y eut quelque chose de religieux dans mon émotion. Une musique intérieure me rappela les vieilles ballades de ma première enfance, ces chants pieux que les bonnes nourrices du Schwartz-Wald fredonnent pour endormir nos premières tristesses.

A mon approche, Odile s'était levée.

« Soyez le bienvenu, Monsieur le docteur, me dit-elle avec une simplicité touchante ; puis m'indiquant du geste l'alcove où reposait le comte : Mon père est là. »

Je m'inclinai profondément, et sans répondre, tant j'étais ému, je m'approchai de la couche du malade.

Sperver, debout à la tête du lit, élevait d'une main la lampe, tenant de l'autre son large bonnet de fourrure. Odile était à ma gauche. La lumière, tamisée par le verre dépoli, tombait doucement sur la figure du comte.

Dès le premier instant, je fus saisi de l'étrange physionomie du seigneur du Nideck, et, malgré toute l'admiration respectueuse que venait de m'inspirer sa fille, je ne pus m'empêcher de me dire : « C'est un vieux loup ! »

En effet, cette tête grise à cheveux ras, renflée derrière les oreilles d'une façon prodigieuse, et singulièrement allongée par la face; l'étroitesse du front au sommet, sa largeur à la base; la disposition des paupières, terminées en pointe à la racine du nez, bordées de noir et couvrant imparfaitement le globe de l'œil, terne et froid; la barbe courte et drue s'épanouissant autour des mâchoires osseuses : tout dans cet homme me fit frémir, et des idées bizarres sur les affinités animales me traversèrent l'esprit.

Je dominai mon émotion et je pris le bras du malade... Il était sec, nerveux; la main petite et ferme.

Au point de vue médical, je constatai un pouls dur, fréquent, fébrile, une exaspération touchant au tétanos.

Que faire ?

Je réfléchissais; d'un côté, la jeune comtesse

anxieuse ; de l'autre, Sperver, cherchant à lire dans mes yeux ce que je pensais, attentif, épiant mes moindres gestes... m'imposaient une contrainte pénible. Cependant je reconnus qu'il n'y avait rien de sérieux à entreprendre.

Je laissai le bras, j'écoutai la respiration. De temps en temps une espèce de sanglot soulevait la poitrine du malade, puis le mouvement reprenait son cours... s'accélérait... et devenait haletant... Le cauchemar oppressait évidemment cet homme... Épilepsie ou tétanos, qu'importe?... Mais la cause... la cause... voilà ce qu'il m'aurait fallu connaître et ce qui m'échappait.

Je me retournai tout pensif.

« Que faut-il espérer, Monsieur? me demanda la jeune fille.

— La crise d'hier touche à sa fin, Madame... Il s'agirait de prévenir une nouvelle attaque.

— Est-ce possible, Monsieur le docteur? »

J'allais répondre par quelque généralité scientifique, n'osant me prononcer d'une manière positive, quand les sons lointains de la cloche du Nideck frappèrent nos oreilles.

« Des étrangers! » dit Sperver.

Il y eut un instant de silence.

« Allez voir ! dit Odile, dont le front s'était légèrement assombri... Mon Dieu ! comment exercer les devoirs de l'hospitalité dans de telles circonstances?... C'est impossible ! »

Presque aussitôt la porte s'ouvrit ; une tête blonde et rose parut dans l'ombre et dit à voix basse :

« Monsieur le baron de Zimmer-Blouderic, accompagné d'un écuyer, demande asile au Nideck... Il s'est égaré dans la montagne...

— C'est bien, Gretchen, répondit la jeune comtesse avec douceur. Allez prévenir le majordome de recevoir Monsieur le baron de Zimmer... Qu'il lui dise bien que le comte est malade, et que cela seul l'empêche de faire lui-même les honneurs de sa maison. Qu'on éveille nos gens pour le service, et que tout soit fait comme il convient. »

Rien ne saurait exprimer la noble simplicité de la jeune châtelaine en donnant ces ordres. Si la distinction semble héréditaire dans certaines familles, c'est que l'accomplissement des devoirs de l'opulence élève l'âme.

Tout en admirant la grâce, la douceur du regard, la distinction d'Odile du Nideck, son profil d'un fini de détails, d'une pureté de lignes qu'on ne rencontre que dans les sphères aristocratiques... ces idées me passaient par l'esprit, et je cherchais en vain rien de comparable dans mes souvenirs.

« Allez, Gretchen, dit la jeune comtesse, dépêchez-vous.

— Oui, Madame. »

La suivante s'éloigna, et je restai quelques secondes encore sous le charme de mes impressions.

Odile s'était retournée.

« Vous le voyez, Monsieur, dit-elle avec un mélancolique sourire, on ne peut rester à sa douleur; il faut sans cesse se partager entre ses affections et le monde.

— C'est vrai, Madame, répondis-je, les âmes d'élite appartiennent à toutes les infortunes : le voyageur égaré, le malade, le pauvre sans pain, chacun a le droit d'en réclamer sa part, car Dieu les a faites comme ses étoiles, pour le bonheur de tous ! »

Odile baissa ses longues paupières, et Sperver me serra doucement la main.

Au bout d'un instant elle reprit :

« Ah ! Monsieur, si vous sauvez mon père !...

—Ainsi que j'ai eu l'honneur de vous le dire, Madame, la crise est finie. Il faut en empêcher le retour.

— L'espérez-vous ?

—Avec l'aide de Dieu, sans doute, Madame, ce n'est pas impossible. Je vais y réfléchir. »

Odile, tout émue, m'accompagna jusqu'à la porte. Sperver et moi nous traversâmes l'antichambre, où quelques serviteurs veillaient, attendant les ordres de leur maîtresse. Nous venions d'entrer dans le corridor, lorsque Gédéon, qui marchait le premier, se retourna tout à coup, et me plaçant ses deux mains sur les épaules :

« Voyons, Fritz, dit-il en me regardant dans le blanc des yeux, je suis un homme, moi, tu peux tout me dire : qu'en penses-tu ?

—Il n'y a rien à craindre pour cette nuit.

—Bon, je sais cela, tu l'as dit à la comtesse; mais, demain ?

—Demain ?

—Oui, ne tourne pas la tête. A supposer que tu ne puisses pas empêcher l'attaque de revenir, là, franchement, Fritz, penses-tu qu'il en meure ?

—C'est possible, mais je ne le crois pas.

— Eh! s'écria le brave homme en sautant de joie, si tu ne le crois pas, c'est que tu en es sûr! »

Et me prenant bras dessus, bras dessous, il m'entraîna dans la galerie. Nous y mettions à peine le pied, que le baron de Zimmer-Blouderic et son écuyer nous apparurent, précédés de Sébalt portant une torche allumée. Ils se rendaient à leur appartement, et ces deux personnages, le manteau jeté sur l'épaule, les bottes molles à la hongroise montant jusqu'aux genoux, la taille serrée dans de longues tuniques vert-pistache à brandebourgs et torsades soie et or, le kolbac d'ourson enfoncé sur la tête, le couteau de chasse à la ceinture, avaient quelque chose d'étrangement pittoresque à la lueur blanche de la résine.

« Tiens, dit Sperver, si je ne me trompe, ce sont nos gens de Tubingue. Ils nous ont suivis de près.

— Tu ne te trompes pas : ce sont bien eux. Je reconnais le plus jeune à sa taille élancée ; il a le profil d'aigle et porte les moustaches à la Wallenstein. »

Ils disparurent dans une travée latérale.

Gédéon prit une torche à la muraille et me

guida dans un dédale de corridors, de couloirs, de voûtes hautes, basses, en ogive, en plein cintre, que sais-je? cela n'en finissait plus.

« Voici la salle des margraves, disait-il, voici la salle des portraits... la chapelle, où l'on ne dit plus la messe depuis que Ludwig le Chauve s'est fait protestant... Voici la salle d'armes... »

Toutes choses qui m'intéressaient médiocrement.

Après être arrivés tout en haut, il nous fallut redescendre une enfilade de marches. Enfin, grâce au ciel, nous arrivâmes devant une petite porte massive. Sperver sortit une énorme clef de sa poche, et, me remettant la torche :

« Prends-garde à la lumière, dit-il. Attention ! »

En même temps il poussa la porte, et l'air froid du dehors entra dans le couloir. La flamme se prit à tourbillonner, envoyant des étincelles en tous sens. Je me crus devant un gouffre et je reculai avec effroi.

« Ah ! ah ! ah ! s'écria le piqueur, ouvrant sa grande bouche jusqu'aux oreilles, on dirait que tu as peur, Fritz !... Avance donc... Ne crains rien... Nous sommes sur la courtine qui va du château à la vieille tour. »

Et le brave homme sortit pour me donner l'exemple.

La neige encombrait cette plate-forme à balustrade de granit; le vent la balayait avec des sifflements immenses. Qui eût vu de la plaine notre torche échevelée eût pu se dire : « Que font-ils donc là-haut... dans les nuages!... Pourquoi se promènent-ils à cette heure ? »

« La vieille sorcière nous regarde peut-être, » pensai-je en moi-même, et cette idée me donna le frisson. Je serrai les plis de ma rhingrave, et la main sur mon feutre, je me mis à courir derrière Sperver. Il élevait la lumière pour m'indiquer la route et marchait à grands pas.

Nous entrâmes précipitamment dans la tour, puis dans la chambre de Hugues. Une flamme vive nous salua de ses pétillements joyeux : quel bonheur de se retrouver à l'abri d'épaisses murailles!

J'avais fait halte, tandis que Sperver refermait la porte, et, contemplant cette antique demeure, je m'écriai :

« Dieu soit loué ! Nous allons donc pouvoir nous reposer.

— Devant une bonne table, ajouta Gédéon. Contemple-moi ça, plutôt que de rester le nez en l'air : un cuisseau de chevreuil, deux gelinottes, un brochet, le dos bleu, la mâchoire garnie de persil. Viandes froides et vins chauds... j'aime ça. Je suis content de Kasper ; il a bien compris mes ordres. »

Il disait vrai, ce brave Gédéon : « Viandes froides et vins chauds, » car, devant la flamme, une magnifique rangée de bouteilles subissaient l'influence délicieuse de la chaleur.

A cet aspect, je sentis s'éveiller en moi une véritable faim canine ; mais Sperver, qui se connaissait en confortable, me dit :

« Fritz, ne nous pressons pas, nous avons le temps ; mettons-nous à l'aise ; les gelinottes ne veulent pas s'envoler. D'abord, tes bottes doivent te faire mal ; quand on a galopé huit heures consécutivement, il est bon de changer de chaussure... C'est mon principe... Voyons, assieds-toi, mets ta botte entre mes jambes... Bien... je la tiens... — En voilà une !... — Passons à l'autre... C'est cela !... — Fourre tes pieds dans ces sabots, ôte ta rhingrave, jette-moi cette houppelande sur ton dos... A la bonne heure ! »

Il en fit autant, puis d'une voix de stentor :

« Maintenant, Fritz, s'écria-t-il, à table ! Travaille de ton côté, moi du mien, et surtout rappelle-toi le vieux proverbe allemand : — « Si
« c'est le Diable qui a fait la soif, à coup sûr
« c'est le Seigneur Dieu qui a fait le vin ! »

III

Nous mangions avec ce bienheureux entrain que procurent dix heures de course à travers les neiges du Schwartz-Wald.

Sperver, attaquant tour à tour le gigot de chevreuil, les gelinottes et le brochet, murmurait la bouche pleine :

« Nous avons des bois ! nous avons de hautes bruyères ! nous avons des étangs ! »

Puis il se penchait au dos de son fauteuil, et saisissant au hasard une bouteille, il ajoutait :

« Nous avons aussi des coteaux... verts au

printemps, et pourpres en automne !... — A ta santé, Fritz !

— A la tienne, Gédéon ! »

C'était merveille de nous voir... Nous nous admirions l'un l'autre.

La flamme pétillait, les fourchettes cliquetaient, les mâchoires galopaient, les bouteilles gloussaient, les verres tintaient, et, dehors, le vent des nuits d'hiver, le grand vent de la montagne, chantait son hymne funèbre, cet hymne étrange, désolé, qu'il chante lorsque les escadrons de nuages fondent les uns sur les autres, se chargent, s'engloutissent, et que la lune pâle regarde l'éternelle bataille !

Cependant notre appétit se calmait. Sperver avait rempli le viedercome d'un vieux vin de Bremberg, la mousse frissonnait sur ses larges bords... il me le présenta en s'écriant :

« Au rétablissement du seigneur Yéri-Hans de Nideck.... Bois jusqu'à la dernière goutte, Fritz, afin que Dieu nous entende ! »

Ce qui fut fait.

Puis il le remplit de nouveau, et répétant d'une voix retentissante :

« Au rétablissement du haut et puissant seigneur Yéri-Hans de Nideck mon maître ! »

Il le vida gravement à son tour.

Alors, une satisfaction profonde envahit notre être, et nous fûmes heureux de nous sentir au monde.

Je me renversai dans mon fauteuil, le nez en l'air, les bras pendants, et me mis à contempler ma résidence.

C'était une voûte basse, taillée dans le roc vif, un véritable four d'une seule pièce, atteignant au plus douze pieds au sommet de son cintre; tout au fond, j'aperçus une sorte de grande niche, où se trouvait mon lit; un lit à raz de terre, ayant, je crois, une peau d'ours pour couverture; et au fond de cette grande niche, une autre plus petite, ornée d'une statuette de la Vierge, taillée dans le même bloc de granit et couronnée d'une touffe d'herbes fanées.

« Tu regardes ta chambre, dit Sperver. Parbleu! ce n'est pas grandiose, ça ne vaut pas les appartements du château. Nous sommes ici dans la tour de Hugues; c'est vieux comme la montagne, Fritz : ça remonte au temps de Karl le Grand. Dans ce temps-là, vois-tu, les gens ne savaient pas encore bâtir des voûtes hautes, larges, rondes ou pointues, ils creusaient dans la pierre.

— C'est égal, tu m'as fourré là dans un singulier trou, Gédéon.

— Il ne faut pas t'y tromper, Fritz : c'est la salle d'honneur. On loge ici les amis du comte, lorsqu'il en arrive, tu comprends... La vieille tour de Hugues, c'est ce qu'il y a de mieux !

— Qui cela, Hugues?

— Eh ! Hugues-le-Loup?

— Comment, Hugues-le-Loup?

— Sans doute, le chef de la race des Nideck... un rude gaillard, je t'en réponds! — Il est venu s'établir ici avec une vingtaine de reiters et de trabans de sa troupe. Ils ont grimpé sur ce rocher, le plus haut de la montagne... Tu verras ça demain. Ils ont bâti cette tour, et puis, ma foi ! ils ont dit : « Nous sommes les maîtres ! Malheur à ceux qui voudront passer sans payer rançon... nous tombons dessus comme des loups... nous leur mangeons la laine sur le dos... et si le cuir suit la laine... tant mieux! D'ici, nous verrons de loin : nous verrons les défilés du Rheethal, de la Steinbach, de la Roche-Plate, de toute la ligne du Schwartz-Wald... Gare aux marchands ! » Et ils l'ont fait, les gaillards, comme ils l'avaient dit. Huges-le-Loup était leur chef. C'est Knapwurst qui m'a conté ça, le soir, à la veillée!

— Knapwurst?

— Le petit bossu... tu sais bien... qui nous a ouvert la grille... Un drôle de corps, Fritz... toujours niché dans la bibliothèque.

— Ah! vous avez un savant au Nideck?

— Oui; le gueux!... au lieu de rester dans sa loge, il est toute la sainte journée à secouer la poussière des vieux parchemins de la famille... Il va et vient sur les rayons de la bibliothèque... On dirait un gros rat... Ce Knapwurst connaît toute notre histoire mieux que nous-mêmes... C'est lui qui t'en débiterait, Fritz... Il appelle ça des chroniques!... ha! ha! ha! »

Et Sperver, égayé par le vieux vin, se mit à rire quelques instants sans trop savoir pourquoi.

« Ainsi, Gédéon, repris-je, cette tour s'appelle la tour de Hugues... de Hugues-le-Loup?

— Je te l'ai déjà dit, que diable!... ça t'étonne?

— Non!

— Mais si, je le vois dans ta figure, tu rêves à quelque chose... A quoi rêves-tu?

— Mon Dieu... ce n'est pas le nom de cette

tour qui m'étonne ; ce qui me fait réfléchir...
c'est que toi, vieux braconnier, toi, qui dès ton
enfance n'as vu que la flèche des sapins, les
cimes neigeuses du Wald-Horn... les gorges
du Rheethal... toi qui n'as fait, durant toute ta
jeunesse, que narguer les gardes du comte de Nideck... courir les sentiers du Schwartz-Wald...
battre les broussailles... aspirer le grand air...
le plein soleil... la vie libre des bois... je te
retrouve ici, au bout de seize ans, dans ce
boyau de granit rouge. Voilà ce qui m'étonne...
ce que je ne puis comprendre... Voyons, Sperver, allume ta pipe et raconte-moi comment la
chose s'est faite. »

L'ancien braconnier tira de sa veste de cuir
un bout de pipe noir ; il le bourra lentement,
recueillit dans le creux de sa main un charbon
qu'il plaça sur son *brûle-gueule* ; puis, le nez
en l'air, les yeux fixés au hasard, il répondit
d'un air pensif :

« Les vieux faucons, les vieux gerfauts, et
les vieux éperviers, après avoir longtemps
battu la plaine, finissent par se nicher dans le
trou d'un rocher ! — Oui, c'est vrai... j'ai aimé
le grand air... et je l'aime encore ; mais, au
lieu de me percher sur une haute branche, le

soir, et d'être ballotté par le vent... j'aime à rentrer maintenant dans ma caverne... à boire un bon coup... à déchiqueter tranquillement un coq de bruyère, et à sécher mes plumes devant un bon feu. Le comte de N.deck ne méprise pas Sperver, le vieux faucon, le véritable homme des bois. Un soir, il m'a rencontré au clair de lune et m'a dit : « Camarade qui chasse tout seul, viens chasser avec moi! Tu as bon bec, bonne griffe. Eh bien! chasse, puisque c'est ta nature; mais chasse par ma permission, car, moi, je suis l'aigle de la montagne, je m'appelle Nideck! »

Sperver se tut quelques instants, puis il reprit :

« Ma foi! ça me convenait. Je chasse toujours, comme autrefois, et je bois tranquillement avec un ami ma bouteille de rudesheim, ou de... »

En ce moment, une secousse ébranla la porte. Sperver s'interrompit et prêta l'oreille.

« C'est un coup de vent, lui dis-je.

— Non, c'est autre chose. N'entends-tu pas la griffe qui racle?... C'est un chien échappé. Ouvre, Lieverlé! ouvre, Blitz! » s'écria le brave homme en se levant; mais il n'avait pas fait deux pas, qu'un danois formidable s'élançait.

dans la tour, et venait lui poser ses pattes sur les épaules, lui léchant, de sa grande langue rose, la barbe et les joues, avec de petits cris de joie attendrissants.

Sperver lui avait passé le bras sur le cou et, se tournant vers moi :

« Fritz, disait-il, quel homme pourrait m'aimer ainsi?... Regarde-moi cette tête, ces yeux, ces dents. »

Il lui retroussait les lèvres et me faisait admirer des crocs à déchirer un buffle. Puis le repoussant avec effort, car le chien redoublait ses caresses :

« Laisse-moi, Lieverlé; je sais bien que tu m'aimes. Parbleu! qui m'aimerait, si tu ne m'aimais, toi? »

Et Gédéon alla fermer la porte.

Je n'avais jamais vu de bête aussi terrible que ce Lieverlé; sa taille atteignait deux pieds et demi. C'était un formidable chien d'attaque, au front large, aplati, à la peau fine; un tissu de nerfs et de muscles entrelacés; l'œil vif, la patte allongée; mince de taille, large du corsage, des épaules et des reins... mais sans odorat. Donnez le nez du basset à de telles bêtes, le gibier n'existe plus!

Sperver étant revenu s'asseoir, passait la main sur la tête de son Lieverlé avec orgueil, et m'en énumérait les qualités gravement.

Lieverlé semblait le comprendre.

« Vois-tu, Fritz, ce chien-là vous étrangle un loup d'un coup de mâchoire. C'est ce qu'on appelle une bête parfaite sous le rapport du courage et de la force. Il n'a pas cinq ans, il est dans toute sa vigueur. Je n'ai pas besoin de te dire qu'il est dressé au sanglier. Chaque fois que nous rencontrons une bande, j'ai peur pour mon Lieverlé : il a l'attaque trop franche, il arrive droit comme une flèche. Aussi, gare les coups de boutoir... j'en frémis ! Couche-toi là, Lieverlé, cria le piqueur, couche-toi sur le dos. »

Le chien obéit, étalant à nos yeux ses flancs couleur de chair.

« Regarde, Fritz, cette raie blanche, sans poil, qui prend sous la cuisse et qui va jusqu'à la poitrine : c'est un sanglier qui lui a fait ça ! Pauvre bête !... il ne lâchait pas l'oreille... nous suivions la piste au sang. J'arrive le premier. En voyant mon Lieverlé, je jette un cri, je saute à terre, je l'empoigne à bras le corps... je le roule dans mon manteau et j'arrive ici... J'étais hors de moi:... Heureusement, les boyaux n'étaient pas attaqués. Je lui recouds le ventre. Ah! diable! il hurlait!... il souffrait!... mais, au bout de trois jours, il se léchait déjà : un chien qui se lèche est sauvé! Hein, Lieverlé, tu te le rappelles? Aussi, nous nous aimons... nous deux! »

J'étais vraiment attendri de l'affection de l'homme pour ce chien, et du chien pour cet homme ; ils se regardaient l'un l'autre jusqu'au fond de l'âme... Le chien agitait sa queue, l'homme avait des larmes dans les yeux.

Sperver reprit :

« Quelle force!... Vois-tu, Fritz, il a cassé sa corde pour venir me voir... une corde à six brins; il a trouvé ma trace! Tiens, Lieverlé, attrape! »

Et il lui lança le reste du cuisseau de chevreuil. Les mâchoires du chien, en le happant, firent un bruit terrible, et Sperver, me regardant avec un sourire étrange, me dit :

« Fritz, s'il te tenait par le fond des culottes, tu n'irais pas loin!

— Moi comme un autre, parbleu! »

Le chien alla s'étendre sous le manteau de la cheminée, allongeant sa grande échine

maigre, le gigot entre ses pattes de devant...
Il se mit à le déchirer par lambeaux. Sperver
le regardait du coin de l'œil avec satisfaction.
L'os se broyait sous la dent : Lieverlé aimait
la moelle !

« Hé ! fit le vieux braconnier, si l'on te
chargeait d'aller lui reprendre son os, que dirais-tu ?

— Diable ! ce serait une mission délicate. »

Alors nous nous mîmes à rire de bon cœur.
Et Sperver, étendu dans son grand fauteuil de
cuir roux, le bras gauche tendu par-dessus le
dossier, l'une de ses jambes sur un escabeau,
l'autre en face d'une bûche qui pleurait dans
la flamme, lança de grandes spirales de fumée
bleuâtre vers la voûte.

Moi, je regardais toujours le chien, quand,
me rappelant tout à coup notre entretien interrompu :

« Écoute, Sperver, repris-je, tu ne m'as pas
tout dit. Si tu as quitté la montagne pour le
château, c'est à cause de la mort de Gertrude,
ta brave et digne femme. »

Gédéon fronça le sourcil ; une larme voila
son regard ; il se redressa, et, secouant la

cendre de sa pipe sur l'ongle du pouce :

« Eh bien ! oui, dit-il, c'est vrai ; ma femme est morte !... Voilà ce qui m'a chassé des bois... Je ne pouvais revoir le vallon de la Roche-Creuse, sans grincer des dents.... J'ai déployé mon aile de ce côté ; je chasse moins dans les broussailles, mais je vois de plus haut... et quand, par hasard, la meute tourne là-bas... je laisse tout aller au diable... je rebrousse chemin... je tâche de penser à autre chose. »

Sperver était devenu sombre. La tête penchée vers les larges dalles, il restait morne ; je me repentais d'avoir réveillé en lui de tristes souvenirs. Puis, songeant à la Peste-Noire accroupie dans la neige, je me sentais frissonner.

Étrange impression ! un mot, un seul, nous avait jeté dans une série de réflexions mélancoliques. Tout un monde de souvenirs se trouvait évoqué par hasard.

Je ne sais depuis combien de temps durait notre silence, quand un grondement sourd, terrible, comme le bruit lointain d'un orage, nous fit tressaillir.

Nous regardâmes le chien. Il tenait toujours son os à demi rongé entre ses pattes de devant ; mais, la tête haute, l'oreille droite, l'œil étincelant, il écoutait… il écoutait dans le silence, et le frisson de la colère courait le long de ses reins.

Sperver et moi, nous nous regardâmes tout pâles… pas un bruit, pas un soupir… au dehors, le vent s'était calmé. Rien, excepté ce grondement sourd, continu, qui s'échappait de la poitrine du chien.

Tout à coup, il se leva et bondit contre le mur avec un éclat de voix sec, rauque, épouvantable : les voûtes en retentirent comme si la foudre eût éclaté contre les vitres.

Lieverlé, la tête basse, semblait regarder à travers le granit, et ses lèvres, retroussées jusqu'à leur racine, laissaient voir deux rangées de dents, blanches comme la neige. Il grondait toujours. Parfois, il s'arrêtait brusquement, appliquait son museau contre l'angle inférieur du mur et soufflait avec force, puis il se relevait avec colère et ses griffes de devant essayaient d'entamer le granit.

Nous l'observions sans rien comprendre à son irritation.

Un second cri de rage, plus formidable que le premier, nous fit bondir.

« Lieverlé ! s'écria Sperver en s'élançant vers lui, que diable as-tu ? Est-ce que tu es fou ? »

Il saisit une bûche et se mit à sonder le mur, plein et profond comme toute l'épaisseur de la roche. Aucun creux ne répondait, et pourtant le chien restait en arrêt.

« Décidément, Lieverlé, dit le piqueur, tu fais un mauvais rêve. Allons, couche-toi, ne m'agace plus les nerfs. »

Au même instant, un bruit extérieur frappa nos oreilles. La porte s'ouvrit, et le gros, l'honnête Tobie Offenloch, son falot de ronde d'une main, sa canne de l'autre, le tricorne sur la nuque, la face riante, épanouie, apparut sur le seuil.

« Salut ! l'honorable compagnie, dit-il, hé ! que faites-vous donc là ?

— C'est cet animal de Lieverlé, dit Sperver ; il vient de faire un tapage !... Figurez-vous qu'il s'est hérissé contre ce mur... Je vous demande pourquoi ?

— Parbleu ! il aura entendu le tic-tac de ma jambe de bois dans l'escalier de la tour, » fit le brave homme en riant.

Puis déposant son falot sur la table :

« Ça vous apprendra, maître Gédéon, à faire attacher vos chiens. Vous êtes d'une faiblesse pour vos chiens, d'une faiblesse! Ces maudits animaux finiront par nous mettre à la porte. Tout à l'heure encore, dans la grande galerie, je rencontre votre Blitz; il me saute à la jambe; voyez: ses dents y sont encore marquées! une jambe toute neuve! Canaille de bête!

— Attacher mes chiens!... la belle affaire! dit le piqueur. Des chiens attachés ne valent rien; ils deviennent trop sauvages. Et puis, est-ce qu'il n'était pas attaché, Lieverlé? La pauvre bête a encore la corde au cou.

— Hé! ce que je vous en dis, ce n'est pas pour moi... Quand ils approchent, j'ai toujours la canne haute et la jambe de bois en avant... C'est pour la discipline : les chiens doivent être au chenil, les chats dans les gouttières, et les gens au château. »

Tobie s'assit en prononçant ces dernières paroles, et, les deux coudes sur la table, les yeux écarquillés de bonheur, il nous dit à voix basse, d'un ton de confidence :

« Vous saurez, Messieurs, que je suis garçon ce soir.

— Ah bah!

— Oui, Marie-Anne veille avec Gertrude dans l'antichambre de Monseigneur.

— Alors, rien ne vous presse?

— Rien! absolument rien!

— Quel malheur que vous soyez arrivé si tard, dit Sperver, toutes les bouteilles sont vides! »

La figure déconfite du bonhomme m'attendrit. Il aurait tant voulu profiter de son veuvage! Mais, en dépit de mes efforts, un long bâillement écarta mes mâchoires.

« Ce sera pour une autre fois, dit-il en se relevant. Ce qui est différé n'est pas perdu! »

Il prit sa lanterne.

« Bonsoir, Messieurs.

— Hé! attendez donc, s'écria Gédéon, je vois que Fritz a sommeil, nous descendrons ensemble...

— Volontiers, Sperver, volontiers; nous irons dire un mot en passant à maître Trump le sommelier, il est en bas avec les autres; Knapwurst leur raconte des histoires.

— C'est cela... Bonne nuit, Fritz.

— Bonne nuit, Gédéon; n'oublie pas de me faire appeler, si le comte allait plus mal.

— Sois tranquille... — Lieverlé!... pstt! »

8.

Ils sortirent... Comme ils traversaient la plate-forme, j'entendis l'horloge du Nideck sonner onze heures.

J'étais rompu de fatigue.

IV

Le jour commençait à bleuir l'unique fenêtre du donjon, lorsque je fus éveillé dans ma niche de granit par les sons lointains d'une trompe de chasse.

Rien de triste, de mélancolique, comme les vibrations de cet instrument au crépuscule, alors que tout se tait, que pas un souffle, pas un soupir ne vient troubler le silence de la solitude ; la dernière note surtout, cette note prolongée, qui s'étend sur la plaine immense... éveillant au loin... bien loin... les échos de la montagne, a quelque chose de la grande poésie, qui remue le cœur.

Le coude sur ma peau d'ours, j'écoutais cette voix plaintive, évoquant les souvenirs des âges féodaux. La vue de ma chambre, de cette voûte, basse, sombre, écrassée... antique repaire du loup de Nideck... et plus loin... cette petite fenêtre à vitraux de plomb, en plein cintre... plus large que haute, et profondément enclavée dans le mur, ajoutait encore à la sévérité de mes réflexions.

Je me levai brusquement, et je courus ouvrir la fenêtre tout au large.

Là m'attendait un de ces spectacles que nulle parole humaine ne saurait décrire, le spectacle que l'aigle fauve des hautes Alpes voit chaque matin au lever du rideau pourpre de l'horizon : des montagnes! — des montagnes! — et puis des montagnes! — flots immobiles qui s'aplanissent et s'effacent dans les brumes lointaines des Vosges et du Jura ; — des forêts immenses, des lacs, des crêtes éblouissantes, traçant leurs lignes escarpées sur le fond bleuâtre des vallons comblés de neige... Au bout de tout cela, l'infini !

Quel enthousiasme serait à la hauteur d'un semblable tableau ?

Je restais confondu d'admiration. A chaque regard, se multipliaient les détails : hameaux, fermes, villages, semblaient poindre dans chaque pli de terrain ; il suffisait de regarder pour les voir !

J'étais là depuis un quart d'heure, quand une main se posa lentement sur mon épaule ; je me retournai : la figure calme et le sourire silencieux de Gédéon me saluèrent d'un :

« *Gouden tâg*, Fritz ! »

Puis il s'accouda près de moi, sur la pierre, fumant son bout de pipe. — Il étendait la main dans l'infini et me disait :

« Regarde, Fritz... regarde... Tu dois aimer ça, fils du Schwartz-Wald ! Regarde là-bas... tout là-bas... la Roche-Creuse... La vois-tu? Te rappelles-tu Gertrude?... Oh ! que toutes ces choses sont loin ! »

Sperver essuyait une larme ; que pouvais-je lui répondre ?

Nous restâmes longtemps contemplatifs, émus de tant de grandeur. Parfois, le vieux braconnier, me voyant fixer les yeux sur un point de l'horizon, me disait :

« Ceci, c'est le Wald-Horn ! ça, le Tienfenthal ! Tu vois, Fritz, le torrent de la Steinbach; il est arrêté, il est pendu en franges de glaces sur l'épaule du Harberg ; un froid manteau pour l'hiver ! — Et là-bas, ce sentier, il mène à Tubingue. — Avant quinze jours, nous aurons de la peine à le retrouver. »

Ainsi se passa plus d'une heure. — Je ne pouvais me détacher de ce spectacle. — Quelques oiseaux de proie, l'aile échancrée, la queue en éventail, planaient autour du donjon ; des hérons filaient au-dessus, se dérobant à la serre par la hauteur de leur vol.

Du reste, pas un nuage : toute la neige était à terre. La trompe saluait une dernière fois la montagne.

« C'est mon ami Sébalt qui pleure là-bas, dit Sperver, un bon connaisseur en chiens et en chevaux, et, de plus, la première trompe d'Allemagne... Écoute-moi ça, Fritz, comme c'est moelleux !... — Pauvre Sébalt ! il se consume depuis la maladie de Monseigneur... il ne peut plus chasser comme autrefois. Voici sa seule consolation : tous les matins, au lever du jour, il monte sur l'Altenberg et sonne les airs favoris du comte. Il pense que ça pourra le guérir ! »

Sperver, avec ce tact de l'homme qui sait admirer, n'avait pas interrompu ma contemplation ; mais quand, ébloui de tant de lumière, je regardai dans l'ombre de la tour :

« Fritz, me dit-il, tout va bien ; le comte n'a pas eu d'attaque. »

Ces paroles me ramenèrent au sentiment du réel.

« Ah ! tant mieux... tant mieux !

— C'est toi, Fritz, qui lui vaut ça.

— Comment, moi ? Je ne lui ai rien prescrit !

— Eh ! qu'importe ! tu étais là !

— Tu plaisantes, Gédéon ; que fait ici ma présence, du moment que je n'ordonne rien au malade ?

— Ça fait que tu lui portes bonheur. »

Je le regardai dans le blanc des yeux, il ne riait pas.

« Oui, reprit-il sérieusement, tu es un *porte-bonheur*, Fritz ; les années précédentes notre seigneur avait une deuxième attaque le lendemain de la première, puis une troisième, une quatrième. Tu empêches tout cela, tu arrêtes le mal. C'est clair !

— Pas trop, Sperver ; moi je trouve, au contraire, que c'est très-obscur.

— On apprend à tout âge, reprit le brave homme. Sache, Fritz, qu'il y a des *porte-bonheur* dans ce monde, et des *porte-malheur* aussi. Par exemple, ce gueux de Knapwurst est mon porte-malheur à moi. Chaque fois que je le rencontre, en partant pour la chasse, je suis sûr qu'il m'arrivera quelque chose : mon fusil rate... je me foule le pied... un de mes chiens est éventré... Que sais-je? Aussi, moi, sachant la chose, j'ai soin de partir au petit jour... avant que le drôle, qui dort comme un loir, n'ait ouvert l'œil... ou bien je file par la porte de derrière, par une poterne, tu comprends !

— Je comprends très-bien ; mais tes idées me paraissent singulières, Gédéon.

— Toi, Fritz, poursuivit-il sans m'écouter, tu es un brave et digne garçon ; le ciel a placé sur ta tête des bénédictions innombrables ; il suffit de voir ta bonne figure, ton regard franc, ton sourire plein de bonhomie, pour être joyeux... enfin tu portes bonheur aux gens, c'est positif... je l'ai toujours dit, et la preuve... en veux-tu la preuve ?...

— Oui, parbleu ! je ne serais pas fâché de reconnaître tant de vertus cachées dans ma personne.

— Eh bien ! fit-il en me saisissant au poignet... regarde là-bas ! »

Il m'indiquait un monticule à deux portées de carabine du château.

« Ce rocher enfoncé dans la neige, avec une broussaille à gauche, le vois-tu?

— Parfaitement.

— Regarde autour, tu ne vois rien?

— Non.

— Eh! parbleu! c'est tout simple, tu as chassé la Peste-Noire. Chaque année, à la deuxième attaque, on la voyait là, les pieds dans les mains. La nuit elle allumait du feu, elle se chauffait et faisait cuir des racines. C'était une malédiction! Ce matin, la première chose que je fais, c'est de grimper ici. Je monte sur la tourelle des signaux, je regarde... partie! la vieille coquine! J'ai beau me mettre la main sur les yeux, regarder à droite, à gauche, en haut, en bas, dans la plaine, sur la montagne... rien! rien! Elle t'avait senti, c'est sûr. »

Et le brave homme, m'embrassant avec enthousiasme, s'écria d'un accent ému :

« Oh! Fritz... Fritz.... quelle chance de t'avoir amené ici! C'est la vieille qui doit être vexée... Ha! ha! ha! »

Je l'avoue, j'étais un peu honteux de me trouver tant de mérite, sans m'en être jamais aperçu jusqu'alors.

« Ainsi, Sperver, repris-je, le comte a bien passé la nuit ?

— Très-bien !

— Alors, tout est pour le mieux, descendons. »

Nous traversâmes de nouveau la courtine, et je pus mieux observer ce passage, dont les remparts avaient une hauteur prodigieuse ; ils se prolongeaient à pic avec le roc jusqu'au fond de la vallée. C'était un escalier de précipices, échelonnés les uns au-dessus des autres.

En y plongeant le regard, je me sentis pris de vertige, et, reculant épouvanté jusqu'au milieu de la plate-forme, j'entrai rapidement dans le couloir qui mène au château.

Sperver et moi, nous avions déjà parcouru de vastes corridors, lorsqu'une grande porte ouverte se rencontra sur notre passage ; j'y jetai les yeux et je vis, tout au haut d'une échelle double, le petit gnome Knapwurst, dont la physionomie grotesque m'avait frappé la veille.

La salle elle-même attira mon attention par son aspect imposant : c'était la salle des archives du Nideck, pièce haute, sombre, poudreuse, à grandes fenêtres ogivales prenant au sommet de la voûte et descendant en courbe, à trois mètres du parquet.

Là se trouvaient disposés, sur de vastes rayons, par les soins des anciens abbés, non-seulement tous les documents, titres, arbres généalogiques des Nideck, établissant leurs droits, alliances, rapports historiques avec les plus illustres familles de l'Allemagne, mais encore toutes les chroniques du Schwartz-Wald, les recueils des anciens *Minnesinger*, et les grands ouvrages in-folio sortis des presses de Gutenberg et de Faust, aussi vénérables par leur origine que par la solidité monumentale de leur reliure. — Les grandes ombres de la voûte, drapant les murailles froides de leurs teintes grises, rappelaient le souvenir des anciens cloîtres du moyen âge, et ce gnome, assis tout au haut de son échelle, un énorme volume à tranche rouge sur ses genoux cagneux, la tête enfoncée dans un mortier de fourrure, l'œil gris, le nez épaté, les lèvres contractées par la réflexion, les épaules larges, les membres grêles et le dos arrondi, semblait bien l'hôte naturel, le *famulus*, le rat, comme l'appelait Sperver, de ce dernier refuge de la science au Nideck.

Mais ce qui donnait à la salle des archives une importance vraiment historique, c'étaient les portraits de famille, occupant tout un côté de l'antique bibliothèque. Ils y étaient tous, hommes et femmes, depuis Hugues-le-Loup jusqu'à Yéri-Hans, le seigneur actuel..... depuis la grossière ébauche des temps barbares jusqu'à l'œuvre parfaite des plus illustres maîtres de notre époque.

Mes regards se portèrent naturellement de ce côté.

Hugues I*er*, la tête chauve, semblait me regarder comme vous regarde un loup au détour d'un bois. Son œil gris, injecté de sang, sa barbe rousse et ses larges oreilles poilues, lui donnaient un air de férocité qui me fit peur.

Près de lui, comme l'agneau près du fauve, une jeune femme, — l'œil doux et triste, le front haut, les mains croisées sur la poitrine supportant un livre d'Heures à fermoir d'acier, la chevelure blonde, soyeuse, abondante, partagée sur le milieu de la tête, et tombant en nattes épaisses, de chaque côté de la figure, qu'elles entouraient d'une auréole d'or, — m'attira par son caractère de ressemblance avec Odile de Nideck.

Rien de suave et de charmant comme cette vieille peinture sur bois, un peu roide et sèche de contours, mais d'une adorable naïveté.

Je la regardais depuis quelques instants, lorsqu'un autre portrait de femme, suspendu à côté, attira mon attention. Figurez-vous le type wisigoth dans sa vérité primitive : front large et bas, yeux jaunes, pommettes saillantes, cheveux roux, nez d'aigle.

«Que cette femme devait convenir à Hugues!» me dis-je en moi-même.

Et je me pris à considérer le costume; il répondait à l'énergie de la tête. La main droite s'appuyait sur un glaive; un corselet de fer serrait la taille.

Il me serait difficile d'exprimer les réflexions qui m'agitèrent en présence de ces trois physionomies; mon œil allait de l'une à l'autre avec une curiosité singulière. Je ne pouvais m'en détacher.

Sperver, s'arrêtant sur le seuil de la bibliothèque, avait lancé un coup de sifflet aigu. Knapwurst le regardait de toute la hauteur de son échelle sans bouger.

« Est-ce moi que tu siffles comme un chien? dit le gnome.

— Oui, méchant rat, c'est pour te faire honneur.

— Écoute, reprit Knapwurst d'un ton de suprême dédain, tu as beau faire, Sperver, tu ne peux cracher à la hauteur de mon soulier ; je t'en défie ! »

Il lui présentait la semelle.

« Et si je monte ?

— Je t'aplatis avec ce volume. »

Gédéon se mit à rire et reprit :

« Ne te fâche pas, bossu, ne te fâche pas. Je ne te veux pas de mal ; au contraire, j'estime ton savoir ; mais que diable fais-tu là de si bonne heure auprès de ta lampe ? On dirait que tu as passé la nuit.

— C'est vrai ; je l'ai passée à lire.

— Les jours ne sont-ils pas assez longs pour toi ?

— Non, je suis à la recherche d'une question grave ; je ne dormirai qu'après l'avoir résolue.

— Diable !... Et cette question ?

— C'est de connaître par quelle circonstance Ludwig du Nideck trouva mon ancêtre, Otto le Nain, dans les forêts de la Thuringe. Tu sauras, Sperver, que mon aïeul Otto n'avait pas une coudée de haut : cela fait environ un pied et demi. Il charmait le monde par sa sagesse, et figura très-honorablement au couronnement de l'empereur Rodolphe. Le comte Ludwig l'avait fait enfermer dans un paon garni de toutes ses plumes : c'était l'un des plats les plus estimés de ce temps-là, avec les petits cochons de lait, mi-partie dorés et argentés. Pendant le festin, Otto déroulait la queue du paon, et tous les seigneurs, courtisans et grandes dames, s'émerveillaient de cet ingénieux mécanisme. Enfin Otto sortit, l'épée au poing, et d'une voix retentissante il cria : « Vive l'empereur Rodolphe de Hapsbourg ! » ce qui fut répété par toute la salle. Bernard Hertzog mentionne ces circonstances; mais il ne dit pas d'où venait ce nain... s'il était de haut lignage... ou de basse extraction... chose du reste peu probable... le vulgaire n'a pas tant d'esprit. »

J'étais stupéfait de l'orgueil d'un si petit être; cependant une curiosité extrême me portait à le ménager : lui seul pouvait me fournir quelques renseignements sur le premier et le deuxième portraits à la droite de Hugues.

« Monsieur Knapwurst, lui dis-je d'un ton

respectueux, auriez-vous l'obligeance de m'éclairer sur un doute? »

Le petit bonhomme, flatté de mes paroles, répondit :

« Parlez, Monsieur; s'il s'agit de chroniques, je suis prêt à vous satisfaire. Quant au reste, je ne m'en soucie pas.

— Précisément, ce serait de savoir à quels personnages se rapportent le deuxième et le troisième portraits de votre galerie.

— Ah ! ah ! fit Knapwurst, dont les traits s'animèrent, vous parlez d'Edwige et de Huldine, les deux femmes de Hugues ! »

Et déposant son volume il descendit l'échelle pour converser plus à l'aise avec moi... Ses yeux brillaient; on voyait que les plaisirs de la vanité dominaient le petit homme : il était glorieux d'étaler son savoir.

Arrivé près de moi, il me salua gravement. Sperver se tenait derrière nous, fort satisfait de me faire admirer le nain du Nideck. Malgré le mauvais sort attaché, selon lui, à sa personne, il estimait et glorifiait ses vastes connaissances.

« Monsieur, dit Knapwurst en étendant sa longue main jaune vers les portraits, Hugues von Nideck, premier de sa race, épousa, en 832, Edwige de Lutzelbourg, laquelle lui apporta en dot les comtés de Giromani, du Haut-Barr, les châteaux du Geroldseck, du Teufels-Horn, et d'autres encore. Hugues-le-Loup n'eut pas d'enfants de cette première femme, qui mourut toute jeune, en l'an du Seigneur 837. Alors Hugues, seigneur et maître de la dot, ne voulut pas la rendre. Il y eut de terribles batailles entre ses beaux-frères et lui... Mais cette autre femme, que vous voyez en corselet de fer, Huldine, l'aida de ses conseils. C'était une personne de grand courage... On ne sait ni d'où elle venait, ni à quelle famille elle appartenait; mais cela ne l'a pas empêchée de sauver Hugues, fait prisonnier par Frantz de Lutzelbourg. Il devait être pendu le jour même, et l'on avait déjà tendu la barre de fer aux créneaux, quand Huldine, à la tête des vassaux du comte qu'elle avait entraînés par son courage, s'empara d'une poterne, sauva Hugues et fit pendre Frantz à sa place. Hugues-le-Loup épousa cette seconde femme en 842; il en eut trois enfants.

— Ainsi, repris-je tout rêveur, la première de ces femmes s'appelait Edwige, et les descendants du Nideck n'ont aucun rapport avec elle ?

— Aucun.

— En êtes-vous bien sûr ?

— Je puis vous montrer notre arbre généalogique. Edwige n'a pas eu d'enfants... Huldine, la seconde femme, en a eu trois.

— C'est surprenant !

— Pourquoi ?

— J'avais cru remarquer quelque ressemblance...

— Hé ! les ressemblances, les ressemblances !... fit Knapwurst, avec un éclat de rire strident... Tenez... voyez-vous cette tabatière de vieux buis à côté de ce grand lévrier : elle représente Hans-Wurst, mon bisaïeul. Il a le nez en éteignoir et le menton en galoche ; j'ai le nez camard et la bouche agréable : est-ce que ça m'empêche d'être son petit-fils ?

— Non, sans doute.

— Eh bien ! il en est de même pour les Nideck. Ils peuvent avoir des traits d'Edwige, je ne dis pas le contraire, mais c'est Huldine qui est leur souche-mère. Voyez l'arbre généalogique, voyez, Monsieur ! »

Nous nous séparâmes, Knapwurst et moi, les meilleurs amis du monde.

V

« C'est égal, me disais-je, la ressemblance existe... faut-il l'attribuer au hasard?... Le hasard... qu'est-ce, après tout?... un non-sens... ce que l'homme ne peut expliquer. Il doit y avoir autre chose ! »

Je suivais tout rêveur mon ami Sperver, qui venait de reprendre sa marche dans le corridor. Le portrait d'Edwige, cette image si simple, si naïve, se confondait dans mon esprit avec celle de la jeune comtesse.

Tout à coup, Gédéon s'arrêta; je levai les yeux; nous étions en face des appartements du comte.

« Entre, Fritz, me dit-il; moi, je vais donner la pâtée aux chiens; quand le maître n'est pas là, les valets se négligent; je viendrai te reprendre tout à l'heure. »

J'entrai, plus curieux de revoir Mademoiselle Odile que le comte; je m'en faisais le reproche, mais l'intérêt ne se commande pas. Quelle fut ma surprise d'apercevoir dans le demi-jour de l'alcôve le seigneur du Nideck, levé sur le coude, et me regardant avec une attention profonde ! Je m'attendais si peu à ce regard, que j'en fus tout stupéfait.

« Approchez, Monsieur le docteur, me dit-il d'une voix faible, mais ferme, en me tendant la main. Mon brave Sperver m'a souvent parlé de vous... j'étais désireux de faire votre connaissance.

— Espérons, Monseigneur, lui répondis-je, qu'elle se poursuivra sous de meilleurs auspices. Encore un peu de patience, et nous viendrons à bout de cette attaque.

— Je n'en manque point, fit-il. Je sens que mon heure approche.

— C'est une erreur, Monsieur le comte.

— Non, la nature nous accorde, pour dernière grâce, le pressentiment de notre fin.

— Combien j'ai vu de ces pressentiments se démentir ! » dis-je en souriant.

Il me regardait avec une fixité singulière, comme il arrive à tous les malades exprimant un doute sur leur état. C'est un moment difficile pour le médecin : de son attitude dépend la force morale du malade ; le regard de celui-ci va jusqu'au fond de sa conscience : s'il y découvre le soupçon de sa fin prochaine, tout est perdu ; l'abattement commence, les ressorts de l'âme se détendent, le mal prend le dessus.

Je tins bon sous cette inspection ; le comte parut se rassurer ; il me pressa de nouveau la main, et se laissa doucement aller, plus calme, plus confiant.

J'aperçus seulement alors Mademoiselle Odile et une vieille dame, sa gouvernante sans doute, assises au fond de l'alcôve, de l'autre côté du lit.

Elles me saluèrent d'une inclination de tête.

Le portrait de la bibliothèque me revint subitement à l'esprit.

« C'est elle, me dis-je ; elle... la première femme de Hugues... Voilà bien ce front haut, ces longs cils, ce regard moite de langueur, ce sourire d'une tristesse indéfinissable. — Oh ! que de choses dans le sourire de la femme ! — N'y cherchez point la joie, le bonheur. Le sourire de la femme voile tant de souffrances intimes, tant d'inquiétudes, tant d'anxiétés poignantes ! Jeune fille, épouse, mère, il faut toujours sourire, même lorsque le cœur se comprime, lorsque le sanglot étouffe... C'est ton rôle, ô femme! dans cette grande et amère comédie qu'on appelle l'existence humaine! »

Je réfléchissais à toutes ces choses, quand le seigneur du Nideck se prit à dire :

« Si Odile, ma chère enfant, voulait faire ce que je lui demande; si elle consentait seulement à me donner l'espérance de se rendre à mes vœux, je crois que mes forces reprendraient. »

Je regardai la jeune comtesse; elle baissait les yeux et semblait prier.

« Oui, reprit le malade, je renaîtrais à la vie; la perspective de me voir entouré d'une nouvelle famille, de serrer sur mon cœur des petits enfants, la continuation de notre race, me ranimerait. »

A l'accent doux et tendre de cet homme, je me sentis ému.

La jeune fille ne répondit pas.

Au bout d'une ou deux minutes, le comte, qui la regardait d'un œil suppliant, poursuivit :

« Odile, ne veux-tu pas faire le bonheur de ton père? Mon Dieu! je ne te demande qu'une espérance, je ne te fixe pas d'époque. Je ne veux pas gêner ton choix. Nous irons à la cour;

là, cent partis honorables se présenteront. Qui ne serait heureux d'obtenir la main de mon enfant? Tu seras libre de te prononcer. »

Il se tut.

Rien de pénible pour un étranger comme ces discussions de famille ; tant d'intérêts divers, de sentiments intimes, s'y trouvent engagés, que la simple pudeur semble nous faire un devoir de nous dérober à de telles confidences... Je souffrais... J'aurais voulu fuir... Les circonstances ne le permettaient pas.

« Mon père, dit Odile comme pour éluder les instances du malade, vous guérirez; le ciel ne voudrait pas vous enlever à notre affection... Si vous saviez avec quelle ferveur je le prie!

— Tu ne me réponds pas, dit le comte d'un ton sec. Que peux-tu donc objecter à mon dessein? n'est-il pas juste, naturel? Dois-je donc être privé des consolations accordées aux plus misérables? ai-je froissé tes sentiments? ai-je agi de violence ou de ruse?

— Non, mon père...

— Alors, pourquoi te refuser à mes prières?...

— Ma résolution est prise... c'est à Dieu que je me dévoue! »

Tant de fermeté dans un être si faible me

fit passer un frisson par tout le corps. Elle était là, comme la Madone sculptée dans la tour de Hugues, frêle, calme, impassible.

Les yeux du comte prirent un éclat fébrile. Je faisais signe à la jeune comtesse de lui donner au moins une espérance, pour calmer son agitation croissante : elle ne parut pas m'apercevoir.

« Ainsi, reprit-il d'une voix étranglée par l'émotion, tu verrais périr ton père ; il te suffirait d'un mot pour lui rendre la vie, et ce mot, tu ne le prononcerais pas ?

— La vie n'appartient pas à l'homme, elle est à Dieu, dit Odile ; un mot de moi n'y peut rien.

— Ce sont de belles maximes pieuses, fit le comte avec amertume, pour se dispenser de tout devoir. Mais Dieu, dont tu parles sans cesse, ne dit-il pas : « Honore ton père et ta mère ! »

— Je vous honore, mon père, reprit-elle avec douceur, mais mon devoir n'est pas de me marier. »

J'entendis grincer les dents du comte. Il resta calme en apparence, puis il se retourna brusquement.

« Va-t-en, fit-il... ta vue me fait mal!... »

Et s'adressant à moi, tout pâle de cette scène :

« Docteur, s'écria-t-il avec un sourire sauvage, n'auriez-vous pas un poison violent?... un de ces poisons qui foudroient comme l'éclair?... Oh! ce serait bien humain de m'en donner un peu.... Si vous saviez ce que je souffre!... »

Tout ses traits se décomposèrent... il devint livide.

Odile s'était levée et s'approchait de la porte.

« Reste! hurla le comte, je veux te maudire!... »

Jusqu'alors je m'étais tenu dans la réserve, n'osant intervenir entre le père et la fille; je ne pouvais faire davantage.

« Monseigneur, m'écriai-je, au nom de votre santé, au nom de la justice, calmez-vous, votre vie en dépend!

— Eh! que m'importe la vie? que m'importe l'avenir? Ah! que n'ai-je un couteau pour en finir! Donnez-moi la mort! »

Son émotion croissait de minute en minute. Je voyais le moment où, ne se possédant plus de colère, il allait s'élancer pour anéantir son enfant. Celle-ci, calme, pâle, se mit à genoux sur le seuil. La porte était ouverte, et j'aperçus, derrière la jeune fille, Sperver les joues contractées, l'air égaré. Il s'approcha sur la pointe des pieds, et s'inclinant vers Odile :

« Oh! Mademoiselle, dit-il, Mademoiselle... le comte est un si brave homme! Si vous disiez seulement : « Peut-être... nous verrons... plus tard!... »

Elle ne répondit pas et conserva son attitude.

En ce moment, je fis prendre au seigneur du Nideck quelques gouttes d'opium; il s'affaissa, exhalant un long soupir, et bientôt un sommeil lourd, profond, régla sa respiration haletante.

Odile se leva, et sa vieille gouvernante, qui n'avait pas dit un mot, sortit avec elle. Sperver et moi nous les regardâmes s'éloigner lentement. Une sorte de grandeur calme se trahissait dans la démarche de la comtesse : on eût dit l'image vivante du devoir accompli...

Lorsqu'elle eut disparu dans les profondeurs du corridor, Gédéon se tourna vers moi :

« Eh bien! Fritz, me dit-il d'un air grave, que penses-tu de cela? »

Je courbai la tête sans répondre : la fermeté de cette jeune fille m'épouvantait.

VI

Sperver était indigné.

« Voilà ce qu'on appelle le bonheur des grands ! s'écria-t-il en sortant de la chambre du comte. Soyez donc seigneur du Nideck, ayez des châteaux, des forêts, des étangs, les plus beaux domaines du Schwartz-Wald, pour qu'une jeune fille vienne vous dire de sa petite voix douce : « Tu veux ? Eh bien ! moi, je ne veux pas ! Tu me pries ? Et moi je réponds : C'est impossible ! » Oh ! Dieu !... quelle misère !... Ne vaudrait-il pas cent fois mieux être venu au monde fils d'un bûcheron, et vivre tranquillement de son travail ? Tiens, Fritz..., allons-nous-en... Cela me suffoque. J'ai besoin de respirer le grand air ! »

Et le brave homme, me prenant par le bras, m'entraîna dans le corridor.

Il était alors environ neuf heures. Le temps, si beau le matin, au lever du soleil, s'était couvert de nuages, la bise fouettait la neige contre les vitres, et je distinguais à peine la cime des montagnes environnantes.

Nous allions descendre l'escalier qui mène à la cour d'honneur, lorsqu'au détour du corridor nous nous trouvâmes nez à nez avec Tobie Offenloch.

Le digne majordome était tout essoufflé.

« Hé! fit-il en nous barrant le chemin avec sa canne, où diable courez-vous si vite?... et le déjeuner!

— Le déjeuner!... quel déjeuner? demanda Sperver.

— Comment, quel déjeuner? ne sommes-nous pas convenus de déjeuner ensemble ce matin avec le docteur Fritz?

— Tiens! c'est juste, je n'y pensais plus. »

Offenloch partit d'un éclat de rire qui fendit sa grande bouche jusqu'aux oreilles.

« Ha! ha! ha! s'écria-t-il, la bonne farce! et moi qui craignais d'arriver le dernier! Allons, allons, dépêchez-vous! Kasper est en haut, qui vous attend. Je lui ai dit de mettre le couvert dans votre chambre; nous serons plus à l'aise. Au revoir, Monsieur le docteur. »

Il me tendit la main.

« Vous ne montez pas avec nous ? dit Sperver.

— Non, je vais prévenir Madame la comtesse que le baron de Zimmer-Blouderic sollicite l'honneur de lui présenter ses hommages avant de quitter le château.

— Le baron de Zimmer ?

— Oui, cet étranger qui nous est arrivé hier au milieu de la nuit.

— Ah ! bon, dépêchez-vous.

— Soyez tranquille... le temps de déboucher les bouteilles, et je suis de retour. »

Il s'éloigna clopin-clopant.

Le mot « déjeuner » avait changé complétement la direction des idées de Sperver.

« Parbleu ! dit-il en me faisant rebrousser chemin, le moyen le plus simple de chasser les idées noires est encore de boire un bon coup. Je suis content qu'on ait servi dans ma chambre ; sous les voûtes immenses de la salle d'armes, autour d'une petite table, on a l'air de souris qui grignotent une noisette dans le coin d'une église. Tiens, Fritz, nous y sommes ; écoute un peu comme le vent siffle dans les meurtrières. Avant une demi-heure, nous aurons un ouragan terrible. »

Il poussa la porte, et le petit Kasper, qui tambourinait contre les vitres, parut tout heureux de nous voir. Ce petit homme avait les cheveux blond-filasse, la taille grêle et le nez retroussé. Sperver en avait fait son factotum; c'est lui qui démontait et nettoyait ses armes, qui raccommodait les brides et les sangles de ses chevaux, qui donnait la pâtée aux chiens pendant son absence, et qui surveillait à la cuisine la confection de ses mets favoris. Dans les grandes circonstances il dirigeait aussi le service du piqueur, absolument comme Tobie veillait à celui du comte. Il avait la serviette sur le bras, et débouchait avec gravité les longs flacons de vin du Rhin.

« Kasper, dit Sperver en entrant, je suis content de toi... Hier, tout était bon : le chevreuil, les gelinottes et le brochet... Je suis juste... Quand on fait son devoir, j'aime à le dire tout haut. Aujourd'hui, c'est la même chose : cette hure de sanglier au vin blanc a tout à fait bonne mine, et cette soupe aux écrevisses répand une odeur délicieuse... N'est-ce pas, Fritz?

— Certainement.

— Eh bien! poursuivit Sperver, puisqu'il

en est ainsi, tu rempliras nos verres… Je veux t'élever de plus en plus, car tu le mérites ! »

Kasper baissait les yeux d'un air modeste ; il rougissait, et paraissait savourer les compliments de son maître.

Nous prîmes place, et j'admirai comment le vieux braconnier, qui jadis se trouvait heureux de préparer lui-même sa soupe aux pommes de terre, dans sa chaumière, se faisait traiter alors en grand seigneur. Il fût né comte de Nideck, qu'il n'eût pu se donner une attitude plus noble et plus digne à table. Un seul de ses regards suffisait pour avertir Kasper d'avancer tel plat ou de déboucher telle bouteille.

Nous allions attaquer la hure de sanglier, lorsque maître Tobie parut ; mais il n'était pas seul, et nous fûmes tout étonnés de voir le baron de Zimmer-Blouderic et son écuyer debout derrière lui.

Nous nous levâmes. Le jeune baron vint à notre rencontre le front découvert : c'était une belle tête, pâle et fière, encadrée de longs cheveux noirs. Il s'arrêta devant Sperver.

« Monsieur, dit-il de cet accent pur de la Saxe, que nul autre dialecte ne saurait imiter, je viens faire appel à votre connaissance du pays. Madame la comtesse de Nideck m'assure que nul mieux que vous ne saurait me renseigner sur la montagne.

— Je le crois, Monseigneur, répondit Sperver en s'inclinant, et je suis à vos ordres.

— Des circonstances impérieuses m'obligent à partir au milieu de la tourmente, reprit le baron en indiquant les vitres floconneuses. Je voudrais atteindre le Wald-Horn, à six lieues d'ici.

— Ce sera difficile, Monseigneur, toutes les routes sont encombrées de neige.

— Je le sais... mais il le faut!

— Un guide vous serait indispensable : moi, si vous le voulez, ou bien Sébalt-Kraft, le grand veneur du Nideck... il connaît à fond la montagne, depuis Unterwald en Suisse jusqu'à Pirmesens, dans le Hundsruck.

— Je vous remercie de vos offres, Monsieur, et je vous en suis reconnaissant; mais je ne puis les accepter. Des renseignements me suffisent. »

Sperver s'inclina, puis s'approchant d'une fenêtre, il l'ouvrit tout au large. Un coup de vent impétueux chassa la neige jusque dans le corridor, et referma la porte avec fracas.

Je restais toujours à ma place, debout, la main au dos de mon fauteuil; le petit Kasper s'était effacé dans un coin. Le baron et son écuyer s'approchèrent de la fenêtre.

« Messieurs, s'écria Sperver, la voix haute, pour dominer les sifflements du vent, et le bras étendu, voici la carte du pays. Si le temps était clair, je vous inviterais à monter dans la tour des signaux... nous découvririons le Schwartz-Wald à perte de vue... mais à quoi bon? Vous apercevez d'ici la pointe de l'Altenberg, et plus loin, derrière cette cime blanche, le Wald-Horn où l'ouragan se démène! Eh bien! il faut marcher directement sur le Wald-Horn. Là, si la neige vous le permet, du sommet de ce roc en forme de mitre, qu'on appelle la Roche-Fendue, vous apercevrez trois crêtes : la Behrenkopf, le Geierstein et le Triefels... C'est sur ce dernier point, le plus à droite, qu'il faudra vous diriger. Un torrent coupe la vallée de Reethal, mais il doit être couvert de glace... Dans tous les cas, s'il vous est impossible d'aller plus loin, vous trouverez à gauche, en remontant la rive, une caverne à mi-côte : la Roche-Creuse... Vous y passerez la nuit, et demain, selon toute probabilité, quand le vent tombera, vous serez en vue du Wald-Horn.

— Je vous remercie, Monsieur.

— Si vous aviez la chance de rencontrer quelque charbonnier, reprit Sperver, il pourrait vous enseigner le gué du torrent ; mais je doute fort qu'il s'en trouve dans la haute montagne par un temps pareil... D'ici, ce serait trop difficile... Seulement ayez soin de contourner la base du Behrenkopf, car, de l'autre côté, la descente n'est pas possible : ce sont des rochers à pic. »

Pendant ces observations j'observais Sperver, dont la voix claire et brève accentuait chaque circonstance avec précision, et le jeune baron, qui l'écoutait avec une attention singulière. Aucun obstacle ne paraissait l'effrayer. Le vieil écuyer ne semblait pas moins résolu.

Au moment de quitter la fenêtre, il y eut une lueur, une éclaircie dans l'espace, un de ces mouvements rapides où l'ouragan saisit des masses de neige et les retourne comme une draperie flottante. L'œil alla plus loin : on aperçut les trois pics derrière l'Altenberg. Les détails que Sperver venait de donner se dessinèrent, puis l'air se troubla de nouveau.

« C'est bien, dit le baron ; j'ai vu le but, et,

grâce à vos explications, j'espère l'atteindre. »

Sperver s'inclina sans répondre. Le jeune homme et son écuyer, nous ayant salués, sortirent lentement.

Gédéon referma la fenêtre, et s'adressant à maître Tobie et à moi :

« Il faut être possédé du diable, dit-il en souriant, pour sortir par un temps pareil. Je me ferais conscience de mettre un loup à la porte. Du reste, ça les regarde. La figure du jeune homme me revient tout à fait; celle du vieux aussi. Ah çà! buvons! Maître Tobie, à votre santé! »

Je m'étais approché de la fenêtre, et comme le baron de Zimmer et son écuyer montaient à cheval, au milieu de la cour d'honneur, malgré la neige répandue dans l'air, je vis à gauche, dans une tourelle à hautes fenêtres, un rideau s'entr'ouvrir, et Mademoiselle Odile, toute pâle, glisser un long regard vers le jeune homme.

« Hé! Fritz, que fais-tu donc là? s'écria Sperver.

— Rien, je regarde les chevaux de ces étrangers.

— Ah! oui, des valaques; je les ai vus ce matin à l'écurie : de belles bêtes! »

Les cavaliers partirent à fond de train. —
Le rideau se referma.

VII

Plusieurs jours se passèrent sans rien amener
de nouveau. Mon existence au Nideck était fort
monotone; c'était toujours le matin l'air mélancolique de la trompe de Sébalt, puis une
visite au comte, puis le déjeuner, puis les réflexions à perte de vue de Sperver sur la Peste-
Noire, les bavardages sans fin de Marie Lagoutte,
de maître Tobie et de toute cette nichée de
domestiques, n'ayant d'autres distractions que
boire, jouer, fumer, dormir. Knapwurst seul
avait une existence supportable; il s'enfonçait
dans ses chroniques jusque par-dessus les
oreilles, et le nez rouge, grelottant de froid au
fond de la bibliothèque, il ne se lassait pas
de curieuses recherches.

On peut se figurer mon ennui. Sperver m'a-
vait fait voir dix fois les écuries et le chenil;
les chiens commençaient à se familiariser avec
moi. Je savais par cœur toutes les grosses plai-

santeries du majordome après boire, et les répliques de Marie Lagoutte... La mélancolie de Sébalt me gagnait de jour en jour, j'aurais volontiers soufflé dans son cor pour me plaindre aux montagnes et je tournais sans cesse les yeux vers Tubingue.

Cependant la maladie du seigneur Yéri-Hans poursuivait son cours. C'était ma seule occupation sérieuse. Tout ce que m'avait dit Sperver se vérifiait : parfois le comte, réveillé en sursaut, se levait à demi, et, le cou tendu, les yeux hagards, il murmurait à voix basse :

« Elle vient ! elle vient ! »

Alors Gédéon secouait la tête, il montait sur la tour des signaux; mais il avait beau regarder à droite et à gauche, la Peste-Noire restait invisible.

A force de réfléchir à cette étrange maladie, j'avais fini par me persuader que le seigneur de Nideck était fou : l'influence bizarre que la vieille exerçait sur son esprit, ses alternatives d'égarement et de lucidité, tout me confirmait dans cette opinion.

Les médecins qui se sont occupés de l'aliénation mentale savent que les folies périodiques ne sont pas rares; que les unes se manifestent plusieurs fois dans l'année : au printemps, en automne, en hiver... et que les autres ne se montrent qu'une seule fois. Je connais à Tubingue une vieille dame qui pressent elle-même, depuis trente ans, le retour de son délire : elle se présente à la maison de santé... On l'enferme... Là, cette malheureuse voit chaque nuit se reproduire les scènes effrayantes dont elle a été témoin pendant sa jeunesse : elle tremble sous la main du bourreau... elle est arrosée du sang des victimes... elle gémit à faire pleurer les pierres... Au bout de quelques semaines, les accès deviennent moins fréquents... On lui rend enfin sa liberté... sûr de la voir revenir l'année suivante.

« Le comte de Nideck se trouve dans une situation analogue, me disais-je, des liens inconnus de tous l'unissent évidemment à la Peste-Noire... Qui sait? — Cette femme a été jeune... elle a dû être belle. » Et mon imagination, une fois lancée dans cette voie, construisait tout un roman. Seulement, j'avais soin de n'en rien dire à personne, Sperver ne m'aurait jamais pardonné de croire son maître capable d'avoir eu des relations avec la vieille, et quant à Mademoiselle Odile, le seul mot de folie aurait suffi pour lui porter un coup terrible.

La pauvre jeune fille était bien malheureuse. Son refus de se marier avait tellement irrité le comte qu'il supportait difficilement sa présence; il lui reprochait sa désobéissance avec amertume et s'étendait sur l'ingratitude des enfants. Parfois même des crises violentes suivaient les visites d'Odile. Les choses en vinrent au point que je me crus forcé d'intervenir. J'attendis un soir la comtesse dans l'antichambre, et je la suppliai de renoncer à soigner le comte; mais ici se présenta, contre mon attente, une résistance inexplicable. Malgré toutes mes observations, elle voulut continuer à veiller son père comme elle l'avait fait jusqu'à ce jour.

« C'est mon devoir, dit-elle d'une voix ferme, et rien au monde ne saurait m'en dispenser.

— Madame, lui répondis-je en me plaçant devant la porte du malade, l'état de médecin impose aussi des devoirs, et, si cruels qu'ils puissent être, un honnête homme doit les remplir : votre présence tue le comte. »

Je me souviendrai toute ma vie de l'altération subite des traits d'Odile.

À ces paroles, tout son sang parut refluer vers le cœur; elle devint blanche comme un marbre, et ses grands yeux bleus, fixés sur les miens, semblèrent vouloir lire au fond de mon âme.

« Est-ce possible?... balbutia-t-elle. Vous m'en répondez sur l'honneur.... n'est-ce pas, Monsieur?...

— Oui, Madame.... sur l'honneur! »

Il y eut un long silence;... puis, d'une voix étouffée :

« C'est bien, dit-elle.... Que la volonté de Dieu s'accomplisse!... »

Et, courbant la tête, elle se retira.

Le lendemain de cette scène, vers huit heures du matin, je me promenais dans la tour de Hugues, en songeant à la maladie du comte, dont je ne prévoyais pas l'issue, et à ma clientèle de Tubingue, que je risquais de perdre par une trop longue absence, lorsque trois coups discrets, frappés contre la porte, vinrent m'arracher à ces tristes réflexions.

« Entrez ! »

La porte s'ouvrit, et Marie Lagoutte parut sur le seuil, en me faisant une profonde révérence.

L'arrivée de la bonne femme me contrariait beaucoup ; j'allais la prier de me laisser seul ; mais l'expression méditative de sa physionomie me surprit... Elle avait jeté sur ses épaules un grand châle tartan rouge et vert ; elle baissait la tête en se pinçant les lèvres, et ce qui m'étonna le plus, c'est qu'après être entrée, elle ouvrit de nouveau la porte, pour s'assurer que personne ne l'avait suivie.

« Que me veut-elle ? pensai-je en moi-même. Que signifient ces précautions ? »

J'étais intrigué.

« Monsieur le docteur, dit enfin la bonne femme en s'avançant vers moi, je vous demande pardon de vous déranger de si grand matin, mais j'ai quelque chose de sérieux à vous apprendre.

— Parlez, Madame, de quoi s'agit-il ?

— Il s'agit du comte.

— Ah !

— Oui, Monsieur, vous savez sans doute que c'est moi qui l'ai veillé la nuit dernière.

— En effet. Donnez-vous donc la peine de vous asseoir. »

Elle s'assit en face de moi, dans un grand fauteuil de cuir, et je remarquai avec étonnement le caractère énergique de cette tête, qui m'avait paru grotesque le soir de mon arrivée au château.

« Monsieur le docteur, reprit-elle après un instant de silence, en fixant sur moi ses grands yeux noirs, il faut d'abord vous dire que je ne suis pas une femme craintive; j'ai vu tant de choses dans ma vie, et de si terribles, qu'il n'y a plus rien qui m'étonne : quand on a passé par Marengo, Austerlitz et Moscou, pour arriver au Nideck, on a laissé la peur en route.

— Je vous crois, Madame.

— Ce n'est pas pour me vanter que je vous dis ça; c'est pour bien vous faire comprendre que je ne suis pas une lunatique et qu'on peut se fier à moi quand je dis : « J'ai vu telle chose. »

— Que diable va-t-elle m'apprendre ? me demandai-je.

— Eh bien ! donc, reprit la bonne femme, hier soir, entre neuf et dix heures, comme j'allais me coucher, Offenloch entre et me dit : « Marie, il faut aller veiller le comte. » D'abord cela m'étonne. « Comment ! veiller le comte ? est-ce que Mademoiselle ne veille pas son père elle-même ? — Non, Mademoiselle est malade, il faut que tu la remplaces. — Malade! pauvre chère enfant! j'étais sûre que ça finirait ainsi. » Je le lui ai dit cent fois, Monsieur, mais que voulez-vous? quand on est jeune, on ne doute de rien, et puis c'est son père! Enfin, je prends mon tricot, je dis bonsoir à Tobie, et je me rends dans la chambre de Monseigneur. Sperver, qui m'attendait, va se coucher. Bon! me voilà seule. »

Ici, la bonne femme fit une pause, elle aspira lentement une prise et parut se recueillir. J'étais devenu fort attentif.

« Il était environ dix heures et demie, reprit-elle, je travaillais près du lit, et je levais de temps en temps le rideau pour voir ce que faisait le comte : il ne bougeait pas; il avait le sommeil doux comme celui d'un enfant. Tout alla bien jusqu'à onze heures. Alors je me sentis fatiguée. Quand on est vieille, Monsieur le docteur, on a beau faire, on tombe malgré soi, et d'ailleurs, je ne me défiais de rien, je me disais : « Il va dormir d'un trait jusqu'au jour. » Vers minuit, le vent cesse, les grandes vitres qui grelottaient se taisent. Je me lève pour voir un peu ce qui se passe dehors. La nuit était noire comme une bouteille d'encre;

finalement, je reviens me remettre dans mon fauteuil ; je regarde encore une fois le malade... je vois qu'il n'a pas changé de position... je reprends mon tricot; mais au bout de quelques instants, je m'endors... je m'endors... là... ce qui s'appelle... bien ! Mon fauteuil était tendre comme un duvet, la chambre était chaude... Que voulez-vous ?... Je dormais depuis environ une heure, quand un coup d'air me réveille en sursaut. J'ouvre les yeux, et qu'est-ce que je vois ? La grande fenêtre du milieu ouverte, les rideaux tirés, et le comte en chemise, debout sur cette fenêtre !

— Le comte ?

— Oui.

— C'est impossible... il peut à peine remuer.

— Je ne dis pas non... mais je l'ai vu comme je vous vois ; il tenait une torche à la main... la nuit était sombre et l'air si tranquille, que la flamme de la torche se tenait toute droite. »

Je regardai Marie-Anne d'un air stupéfait.

— D'abord, reprit-elle après un instant de silence, de voir cet homme, les jambes nues, dans une pareille position, ça me produit un effet... un effet... je veux crier... mais aussitôt je me dis : « Peut-être qu'il est somnambule? si tu cries... il s'éveille... il tombe... il est perdu !.. » Bon ! je me tais et je regarde, avec des yeux !.. vous pensez bien !.. Voilà qu'il lève sa torche lentement, puis il l'abaisse... il la relève et l'abaisse enfin trois fois, comme un homme qui fait un signal... puis il la jette dans les remparts... ferme la fenêtre... tire les rideaux... passe devant moi sans me voir... et se couche en marmottant Dieu sait quoi !

— Êtes-vous bien sûre d'avoir vu cela, Madame?

— Si j'en suis sûre !...

— C'est étrange !

— Oui, je le sais bien; mais que voulez-vous? c'est comme ça ! Ah! dame! dans le premier moment ça m'a remuée..., puis, quand je l'ai revu couché dans son lit, les mains sur la poitrine... comme si de rien n'était, alors je me suis dit : « Marie-Anne, tu viens de faire un mauvais rêve.... ça n'est pas possible autrement, » et je me suis approchée de la fenêtre; mais la torche brûlait encore, elle était tombée dans une broussaille, un peu à gauche de la troisième poterne... on la voyait briller comme une étincelle... Il n'y avait pas moyen de dire non. »

Marie Lagoutte me regarda quelques secondes en silence :

« Vous pensez bien, Monsieur, qu'à partir de ce moment-là, je n'ai plus eu sommeil de toute la nuit. J'étais comme qui dirait sur le qui-vive. A chaque instant, je croyais entendre quelque chose derrière mon fauteuil. Ce n'est pas la peur, mais, que voulez-vous? j'étais inquiète, ça me tracassait ! Ce matin au petit jour, j'ai couru éveiller Offenloch et je l'ai envoyé près du comte. En passant dans le corridor, j'ai vu que la première torche à droite manquait dans son anneau, je suis descendue, et je l'ai trouvée près du petit sentier du Schwartz-Wald ; tenez, la voilà. »

Et la bonne femme sortit de dessous son tablier un bout de torche qu'elle déposa sur la table.

J'étais terrassé.

Comment cet homme, que j'avais vu la veille si faible, si épuisé, avait-il pu se lever, marcher, ouvrir et refermer une lourde fenêtre ? Que signifiait ce signal au milieu de la nuit ? Les yeux tout grands ouverts, il me semblait assister à cette scène étrange, mystérieuse, et ma pensée se reportait involontairement vers la Peste-Noire. Je m'éveillai enfin de cette contemplation intérieure, et je vis Marie Lagoutte qui s'était levée et se disposait à sortir.

« Madame, lui dis-je en la reconduisant, vous avez très-bien fait de me prévenir et je vous en remercie... Vous n'avez rien dit à personne de cette aventure ?

— A personne, Monsieur ; ces choses-là ne se disent qu'au prêtre et au médecin.

— Allons, je vois que vous êtes une brave personne. »

Ces paroles s'échangeaient sur le seuil de la tour. En ce moment Sperver parut au fond de la galerie, suivi de son ami Sébalt.

« Eh ! Fritz ! cria-t-il en traversant la courtine, tu vas en apprendre de belles !

— Allons... bon ! me dis-je, encore du nouveau... Décidément le diable se mêle de nos affaires ! »

Marie Lagoutte avait disparu. Le piqueur et son camarade entrèrent dans la tour.

VIII

La figure de Sperver exprimait une irritation contenue, celle de Sébalt une ironie amère. Ce digne veneur, qui m'avait frappé le soir de mon arrivée au Nideck par son attitude mélancolique, était maigre et sec comme un vieux brocart; il portait la veste de chasse, serrée sur les hanches par le ceinturon, — d'où pendait le couteau à manche de corne, — de hautes guêtres de cuir montant au-dessus des genoux, la trompe en bandoulière de droite à gauche, la conque sous le bras. Il était coiffé d'un feutre à larges bords, la plume de héron dans la ganse, et son profil, terminé par une petite barbe rousse, rappelait celui du chevreuil.

« Oui, reprit Sperver, tu vas apprendre de belles choses ! »

Il se jeta sur une chaise, en se prenant la tête entre les mains, d'un air désespéré, tandis que Sébalt passait tranquillement sa trompe par-dessus sa tête, et la déposait sur la table.

« Eh bien ! Sébalt, s'écria Gédéon, parle donc ! »

Puis, me regardant, il ajouta :

« La sorcière rôde autour du château. »

Cette nouvelle m'eût été parfaitement indifférente avant les confidences de Marie Lagoutte, mais alors elle me frappa. Il y avait des rapports quelconques entre le seigneur du Nideck et la vieille ; ces rapports, j'en ignorais la nature, il me fallait, à tout prix, les connaître.

« Un instant, Messieurs, un instant, dis-je à Sperver et à son ami le veneur ; avant tout, je voudrais savoir d'où vient la Peste-Noire. »

Sperver me regarda tout ébahi.

« Eh ! fit-il, Dieu le sait !

— Bon ! A quelle époque précise arrive-t-elle en vue du Nideck ?

— Je te l'ai dit : huit jours avant Noël ; tous les ans.

— Et elle y reste ?

— De quinze jours à trois semaines.

— Avant on ne la voit pas ? même de passage ? ni après ?

— Non.

— Alors, il faut s'en saisir absolument, m'écriai-je ; cela n'est pas naturel ! Il faut savoir ce qu'elle veut, ce qu'elle est, d'où elle vient.

— S'en saisir ! fit le veneur avec un sourire bizarre, s'en saisir ! »

Et il secoua la tête d'un air mélancolique.

« Mon pauvre Fritz, dit Sperver, sans doute ton conseil est bon... mais c'est plus facile à dire qu'à faire... Si l'on osait lui envoyer une balle... à la bonne heure... on pourrait s'en approcher assez près de temps à autre, mais le comte s'y oppose... et, quant à la prendre autrement... va donc attraper un chevreuil par la queue ! Ecoute Sébalt, et tu verras ! »

Le veneur, assis au bord de la table, ses longues jambes croisées, me regarda et dit :

« Ce matin, en descendant de l'Altenberg, je suivais le chemin creux du Nideck. La neige était à pic sur les bords. J'allais, ne songeant à rien, quand une trace attire mes yeux : elle était profonde, et prenait le chemin par le travers... il avait fallu descendre le talus, puis remonter à gauche. Ce n'était ni la brosse du lièvre qui n'enfonce pas, ni la fourchette du sanglier, ni le trèfle du loup : c'était un creux profond, un véritable trou. — Je m'arrête... je déblaye, pour voir le fond de la piste, et j'arrive sur la trace de la Peste-Noire !

— En êtes-vous bien sûr ?

— Comment, si j'en suis sûr ? je connais le pied de la vieille mieux que sa figure, car moi, Monsieur, j'ai toujours l'œil à terre... je reconnais les gens à leur trace... Et puis un enfant lui-même ne s'y tromperait pas.

— Qu'a donc ce pied qui le distingue si particulièrement ?

— Il est petit à tenir dans la main, bien fait, le talon un peu long, le contour net, l'orteil très-rapproché des autres doigts, qui sont pressés comme dans un brodequin. C'est ce qu'on peut appeler un pied admirable ! Moi, Monsieur, il y a vingt ans, je serais tombé amoureux de ce pied-là. Chaque fois que je le rencontre, ça me produit une impression !... Dieu du ciel, est-il possible qu'un si joli pied soit celui de la Peste-Noire ! »

Et le brave garçon, joignant les mains, se prit à regarder les dalles d'un air mélancolique.

« Eh bien ! ensuite, Sébalt ? dit Sperver avec impatience.

— Ah ! c'est juste. Je reconnais donc cette

trace, et je me mets aussitôt en route pour la suivre. J'avais l'espoir d'attraper la vieille au gîte; mais vous allez voir le chemin qu'elle m'a fait faire. Je grimpe sur le talus du sentier, à deux portées de carabine du Nideck; je descends la côte, gardant toujours la piste à droite : elle longeait la lisière du Rhéethal. Tout à coup, elle saute le fossé du bois. Bon, je la tiens toujours; mais voilà qu'en regardant par hasard, un peu à gauche, j'aperçois une autre trace, qui avait suivi celle de la Peste-Noire. Je m'arrête... Serait-ce Sperver? ou bien Kasper Trumph?... ou bien un autre? Je m'approche, et figurez-vous mon étonnement : ça n'était personne du pays! Je connais tous les pieds du Schwartz-Wald, de Tubingue au Nideck... Ce pied-là ne ressemblait pas aux nôtres... Il devait venir de loin... La botte, — car c'était une sorte de botte souple et fine, avec des éperons qui laissaient une petite raie derrière, — la botte, au lieu d'être ronde par le bout, était carrée; la semelle, mince et sans clous, pliait à chaque pas. La marche, rapide et courte, ne pouvait être que celle d'un homme de vingt à vingt-cinq ans. Je remarquai les coutures de la tige d'un coup d'œil;

je n'en ai jamais vu d'aussi bien faites.

— Qui cela peut-il être ? »

Sébalt haussa les épaules, écarta les mains et se tut.

« Qui peut avoir intérêt à suivre la vieille? demandai-je en m'adressant à Sperver.

— Eh ! fit-il d'un air désespéré, le diable seul pourrait le dire. »

Nous restâmes quelques instants méditatifs.

« Je reprends la piste, poursuivit enfin Sébalt; elle remonte de l'autre côté, dans l'escarpement des sapins, puis elle fait un crochet autour de la Roche-Fendue. Je me disais en moi-même : « Oh! vieille peste, s'il y avait beaucoup de gibier de ton espèce, le métier de chasseur ne serait pas tenable; il vaudrait mieux travailler comme un nègre! » Nous arrivons, les deux pistes et moi, tout au haut du Schnéeberg. Dans cet endroit, le vent avait soufflé; la neige me montait jusqu'aux cuisses; c'est égal, il faut que je passe ! J'arrive sur les bords du torrent de la Steinbach. Plus de traces de la Peste ! Je m'arrête, et je vois qu'après avoir piétiné à droite et à gauche, les bottes du Monsieur ont fini par s'en aller dans la direction de Tiefenbach : mauvais signe. Je regarde de l'autre côté du torrent : rien! La vieille coquine avait remonté ou descendu la rivière, en marchant dans l'eau pour ne pas laisser de piste. Où aller? A droite... ou à gauche? — Ma foi! dans l'incertitude, je suis revenu au Nideck.

— Tu as oublié de parler de son déjeûner, dit Sperver.

— Ah! c'est vrai, Monsieur. Au pied de la Roche-Fendue, je vis qu'elle avait allumé du feu... la place était toute noire... Je posai la main dessus, pensant qu'elle serait encore chaude, ce qui m'aurait prouvé que la Peste n'avait pas fait beaucoup de chemin... mais elle était froide comme glace... Je remarquai tout près de là un collet tendu dans les broussailles...

— Un collet?...

— Oui; il paraît que la vieille sait tendre des piéges... Un lièvre s'y était pris; sa place restait encore empreinte dans la neige, étendue tout au long. La sorcière avait allumé du feu pour le faire cuire : elle s'était régalée!

— Et dire, s'écria Sperver furieux en frappant du poing sur la table, dire que cette vieille scélérate mange de la viande, tandis que, dans nos villages, tant d'honnêtes gens se nourrissent de pommes de terre ! Voilà ce qui me révolte, Fritz... Ah ! si je la tenais !... »

Mais il n'eut pas le temps d'exprimer sa pensée ; il pâlit, et, tous trois, nous restâmes immobiles, nous regardant l'un l'autre, bouche béante.

Un cri... ce cri lugubre du loup par les froides journées d'hiver... ce cri qu'il faut avoir entendu, pour comprendre tout ce que la plainte des fauves a de navrant et de sinistre... ce cri retentissait près de nous ! Il montait la spirale de notre escalier, comme si la bête eût été sur le seuil de la tour !

On a souvent parlé du rugissement du lion grondant le soir dans l'immensité du désert... Mais si l'Afrique, brûlante, calcinée, rocailleuse, a sa grande voix tremblotante comme le roulement lointain de la foudre, les vastes plaines neigeuses du Nord ont aussi leur voix étrange, conforme à ce morne tableau de l'hiver, où tout sommeille, où pas une feuille ne murmure... et cette voix, c'est le hurlement du loup !

A peine ce cri lugubre s'était-il fait entendre, qu'une autre voix formidable, celle de soixante chiens, y répondait dans les remparts du Nideck. Toute la meute se déchaînait à la fois : les aboiements lourds des limiers, les glapissements rapides des spitz, les jappements criards des épagneuls, la voix mélancolique des bassets qui pleurent, tout se confondait avec le cliquetis des chaînes, les secousses des chenils ébranlés par la rage, et, par-dessus tout cela, le hurlement continu, monotone, du loup, dominait toujours : c'était le chant de ce concert infernal !

Sperver bondit de sa place, courut sur la plate-forme, et plongeant son regard au pied de la tour :

« Est-ce qu'un loup serait tombé dans les fossés ? » dit-il.

Mais le hurlement partait de l'intérieur.

Alors, se tournant de notre côté :

« Fritz !... Sébalt !... s'écria-t-il, arrivez !... »

Nous descendîmes les marches quatre à quatre et nous entrâmes dans la salle d'armes. Là, nous n'entendions plus que le loup pleurant sous les voûtes sonores; les cris lointains de la meute devenaient haletants; les chiens s'enrouaient de rage; leurs chaînes s'entrelaçaient; ils s'étranglaient peut-être.

Sperver tira son couteau de chasse, Sébalt en fit autant; ils me précédèrent dans la galerie.

Les hurlements nous guidaient vers la chambre du malade. Sperver, alors, ne disait plus rien... il pressait le pas. Sébalt allongeait ses longues jambes. Je sentais un frisson me parcourir le corps : un pressentiment nous annonçait quelque chose d'abominable.

En courant vers les appartements du comte, nous vîmes toute la maison sur pied : les gardes-chasse, les veneurs, les marmitons, allaient au hasard, se demandant :

« Qu'est-ce qu'il y a? D'où viennent ces cris? »

Nous pénétrâmes, sans nous arrêter, dans le couloir qui précède la chambre du seigneur du Nideck, et nous rencontrâmes dans le vestibule la digne Marie Lagoutte, qui seule avait eu le courage d'y entrer avant nous. Elle tenait dans ses bras la jeune comtesse évanouie, la tête renversée, la chevelure pendante, et l'emportait rapidement.

Nous passâmes près d'elle si vite, que c'est à peine si nous entrevîmes cette scène pathétique. Depuis elle m'est revenue en mémoire, et la tête pâle d'Odile retombant sur l'épaule de la bonne femme m'apparaît comme l'image touchante de l'agneau qui tend la gorge au couteau sans se plaindre, tué d'avance par l'effroi.

Enfin nous étions devant la chambre du comte.

Le hurlement se faisait entendre derrière la porte.

Nous nous regardâmes en silence, sans chercher à nous expliquer la présence d'un tel hôte; nous n'en avions pas le temps; les idées s'entrechoquaient dans notre esprit.

Sperver poussa brusquement la porte, et, le couteau de chasse à la main, il voulut s'élancer dans la chambre; mais il s'arrêta sur le seuil, immobile comme pétrifié.

Je n'ai jamais vu pareille stupeur se peindre sur la face d'un homme : ses yeux semblaient jaillir de sa tête, et son grand nez maigre se recourbait en griffe sur sa bouche béante.

Je regardai par-dessus son épaule, et ce que je vis me glaça d'horreur.

Le comte de Nideck, accroupi sur son lit, les deux bras en avant, la tête basse, inclinée sous les tentures rouges, les yeux étincelants, poussait des hurlements lugubres !

Le loup... c'était lui !...

Ce front plat... ce visage allongé en pointe... cette barbe roussâtre, hérissée sur les joues... cette longue échine maigre... ces jambes nerveuses... la face, le cri, l'attitude, tout... tout... révélait la bête fauve cachée sous le masque humain !

Parfois il se taisait une seconde pour écouter, et faisait vaciller les hautes tentures comme un feuillage, en hochant la tête... puis il reprenait son chant mélancolique.

Sperver, Sébalt et moi, nous étions cloués à terre, nous retenions notre haleine, saisis d'épouvante.

Tout à coup le comte se tut ; comme le fauve qui flaire le vent, il leva la tête et prêta l'oreille.

Là-bas !... là-bas !... sous les hautes forêts de sapins chargées de neige, un cri se faisait entendre ; d'abord faible, il semblait augmenter en se prolongeant, et bientôt nous l'entendîmes dominer le tumulte de la meute : la louve répondait au loup !

Alors Sperver, se tournant vers moi, la face

pâle et le bras étendu vers la montagne, me dit à voix basse :

« Écoute la vieille ! »

Et le comte, immobile, la tête haute, le cou allongé, la bouche ouverte, la prunelle ardente, semblait comprendre ce que lui disait cette voix lointaine perdue au milieu des gorges désertes du Schwartz-Wald, et je ne sais quelle joie épouvantable rayonnait sur toute sa figure.

En ce moment, Sperver, d'une voix pleine de larmes, s'écria :

« Comte de Nideck, que faites-vous ? »

Le comte tomba comme foudroyé. Nous nous précipitâmes dans la chambre pour le secourir...

La troisième attaque commençait : — elle fut terrible !

IX

Le comte de Nideck se mourait !

Que peut l'art en présence de ce grand combat de la vie et de la mort ? A cette heure dernière où les lutteurs invisibles s'étreignent corps à corps, se pressent haletants, se renversent et se relèvent tour à tour... que peut le médecin ?

Regarder, écouter et frémir !

Parfois la lutte semble suspendue ; la vie se retire dans son fort, elle s'y repose, elle y puise le courage du désespoir. Mais bientôt son ennemi l'y suit. Alors, s'élançant à sa rencontre, elle l'étreint de nouveau. Le combat recommence plus ardent, plus près de l'issue fatale.

Et le malade, baigné de sueur froide, l'œil fixe, les bras inertes, ne peut rien pour lui-même. Sa respiration, tantôt courte, embarrassée, anxieuse, tantôt longue, large et profonde, marque les différentes phases de cette bataille épouvantable.

Et les assistants se regardent... Ils pensent : « Un jour, cette même lutte aura lieu pour nous... Et la mort victorieuse nous emportera dans son antre, comme l'araignée la mouche. Mais la vie... elle... l'âme, déployant ses ailes, s'envolera vers d'autres cieux en s'écriant : « J'ai fait mon devoir... j'ai vaillamment combattu ! » Et d'en bas, la mort, la regardant s'élever, ne pourra la suivre : elle ne tiendra qu'un cadavre ! — O consolation suprême !.... certitude de l'immortalité.... espérance de justice... quel barbare pourrait vous arracher du cœur de l'homme?... »

Vers minuit, le comte de Nideck me semblait perdu, l'agonie commençait : le pouls brusque, irrégulier, avait des défaillances... des interruptions... puis des retours soudains...

Il ne me restait plus qu'à voir mourir cet homme... je tombais de fatigue; tout ce que l'art permet, je l'avais fait.

Je dis à Sperver de veiller... de fermer les yeux de son maître.

Le pauvre garçon était désolé; il se reprochait son exclamation involontaire : « Comte de Nideck, que faites-vous? » et s'arrachait les cheveux de désespoir.

Je me rendis seul dans la tour de Hugues, ayant à peine eu le temps de prendre quelque nourriture; je n'en sentais pas le besoin.

Un bon feu brillait dans la cheminée. Je me jetai tout habillé sur mon lit et le sommeil ne tarda pas à venir; ce sommeil lourd, inquiet, que l'on s'attend à voir interrompre par des gémissements et des pleurs.

Je dormais ainsi, la face tournée vers le foyer, dont la lumière ruisselait sur les dalles.

Au bout d'une heure le feu s'assoupit, et, comme il arrive en pareil cas, la flamme, se ranimant par instants, battait les murailles de ses grandes ailes rouges et fatiguait mes paupières.

Perdu dans une vague somnolence, j'entr'ouvris les yeux, pour voir d'où provenaient ces alternatives de lumière et d'obscurité.

La plus étrange surprise m'attendait :

Sur le fond de l'âtre, à peine éclairé par quelques braises encore ardentes, se détachait un profil noir : la silhouette de la Peste!

Elle était accroupie sur un escabeau, et se chauffait en silence.

Je crus d'abord à une illusion, suite naturelle de mes pensées depuis quelques jours... je me levai sur le coude, regardant, les yeux arrondis par la crainte.

C'était bien elle : calme, immobile, les jambes recoquillées entre ses bras... telle que je l'avais vue dans la neige... avec son grand cou replié, son nez en bec d'aigle, ses lèvres contractées.

J'eus peur !

Comment la Peste-Noire était-elle là ? — Comment avait-elle pu arriver dans cette haute tour, dominant les abîmes ?

Tout ce que m'avait raconté Sperver de sa puissance mystérieuse me parut justifié !... — La scène de Lieverlé grondant contre la muraille me passa devant les yeux comme un éclair !... — Je me blottis dans l'alcôve, respirant à peine, et regardant cette silhouette immobile, comme une souris regarderait un chat du fond de son trou.

La vieille ne bougeait pas plus que le montant de la cheminée taillé dans le roc... ses lèvres marmotaient je ne sais quoi !

Mon cœur galopait, ma peur redoublait de minute en minute, en raison du silence et de l'immobilité de cette apparition surnaturelle.

Cela durait bien depuis un quart d'heure, quand, le feu gagnant une brindille de sapin, il y eut un éclair : la brindille se tordit en sifflant, et quelques rayons lumineux jaillirent jusqu'au fond de la salle.

Cet éclair suffit pour me montrer la vieille

revêtue d'une antique robe de brocart à fond pourpre tournant au violet et roide comme du carton; un lourd bracelet à son poignet gauche; une flèche d'or dans son épaisse chevelure grise tordue sur la nuque.

Ce fut comme une évocation des temps passés.

Cependant, la Peste ne pouvait avoir d'intentions hostiles : elle aurait profité de mon sommeil pour les exécuter.

Cette pensée commençait à me rassurer un peu, quand tout à coup elle se leva... et, lentement... lentement... s'approcha de mon lit, tenant à la main une torche qu'elle venait d'allumer.

Je m'aperçus alors que ses yeux étaient fixes, hagards...

Je fis un effort pour me lever, pour crier : pas un muscle de mon corps ne tressaillit, pas un souffle ne me vint aux lèvres!

Et la vieille, penchée sur moi, entre les rideaux, me regardait avec un sourire étrange... Et j'aurais voulu me défendre, appeler... mais son regard me paralysait, comme l'oiseau sous l'œil du serpent.

Pendant cette contemplation muette, chaque

seconde avait pour moi la durée de l'éternité...

Qu'allait-elle entreprendre?

Je m'attendais à tout.

Subitement, elle tourna la tête, prêta l'oreille, puis, traversant la salle à grands pas, elle ouvrit la porte.

Enfin j'avais recouvré une partie de mon courage... La volonté me mit debout comme un ressort... Je m'élançai sur les pas de la vieille, qui d'une main tenait sa torche haute et de l'autre la porte toute grande ouverte.

J'allais la saisir par les cheveux, lorsqu'au fond de la galerie, sous la voûte en ogive du château donnant sur la plate-forme, j'aperçus, qui?

Le comte de Nideck lui-même!

Le comte de Nideck, — que je croyais mourant, — revêtu d'une énorme peau de loup, dont la mâchoire supérieure s'avançait en visière sur son front, les griffes sur ses épaules, et dont la queue traînait derrière lui sur les dalles.

Il portait de ces grands souliers formés d'un cuir épais cousu comme une feuille roulée; une griffe d'argent serrait la peau autour de son cou, et, dans sa physionomie, sauf le regard terne, d'une fixité glaciale, tout annonçait l'homme fort, l'homme du commandement : — le maître !

En face d'un tel personnage, mes idées se heurtèrent, se confondirent. La fuite n'était pas possible. J'eus encore la présence d'esprit de me jeter dans l'embrasure de la fenêtre.

Le comte entra, regardant la vieille, les traits rigides. Ils se parlèrent à voix basse, si basse qu'il me fut impossible de rien entendre, mais leurs gestes étaient expressifs : la vieille indiquait le lit !

Ils s'approchèrent de la cheminée sur la pointe des pieds... Là, dans l'ombre de la travée, la Peste-Noire déroula un grand sac en souriant.

A peine le comte eut-il vu ce sac, qu'en trois bonds il fut près du lit, et y appuya le genou... les rideaux s'agitèrent... son corps disparaissait sous leurs plis... Je ne voyais plus qu'une de ses jambes encore appuyée sur les dalles et la queue de loup ondoyant de droite à gauche.

Vous eussiez dit une scène de meurtre !

Tout ce que la terreur peut avoir de plus affreux, de plus épouvantable, ne m'aurait pas tant saisi que la représentation muette d'un tel acte.

La vieille accourut à son tour, déployant le sac.

Les rideaux s'agitèrent encore, les ombres battirent les murs. Mais ce qu'il y a de plus horrible, c'est que je crus voir une flaque de sang se répandre sur les dalles et couler lentement vers le foyer : c'était la neige attachée aux pieds du comte, et qui se fondait à la chaleur.

Je considérais encore cette traînée noire, sentant ma langue se glacer jusqu'au fond de ma gorge, lorsqu'un grand mouvement se fit.

La vieille et le comte bourraient les draps dans leur sac; ils les poussaient avec la précipitation du chien qui gratte la terre; puis le seigneur du Nideck jeta cet objet informe sur son épaule, et se dirigea vers la porte. Le drap traînait derrière lui; la vieille le suivait avec sa torche. Ils traversèrent la courtine.

Moi, je sentais mes genoux vaciller, s'entrechoquer... je priais tout bas!

Deux minutes ne s'étaient pas écoulées, que je m'élançais sur leurs traces, entraîné par une curiosité subite, irrésistible.

Je traversai la courtine en courant, et j'allais pénétrer sous l'ogive de la tour, quand une citerne large et profonde s'ouvrit à mes pieds ; un escalier y plongeait en spirale, et je vis la torche tournoyer... tournoyer... autour du cordon de pierre, comme une luciole... Elle devenait imperceptible par la distance.

Je descendis à mon tour les premières marches de l'escalier, me guidant sur cette lueur lointaine.

Tout à coup elle disparut : la vieille et le comte avaient atteint le fond du précipice... Moi, la main contre le pilier, je continuai de descendre, sûr de pouvoir remonter dans la tour, à défaut d'autre issue.

Bientôt les marches cessèrent. Je promenai les yeux autour de moi et je découvris, à gauche, un rayon de lune trébuchant sous une porte basse, à travers de grandes orties et des ronces chargées de givre. J'écartai ces obstacles, refoulant la neige du pied, et je me vis à la base du donjon de Hugues.

Qui aurait supposé qu'un trou pareil montait au château ? Qui l'avait enseigné à la vieille ? Je ne m'arrêtai point à ces questions.

La plaine immense s'étendait devant moi,

éblouissante de lumière comme en plein jour...
A ma droite, la ligne noire du Schwartz-Wald,
avec ses rochers à pic, ses gorges et ses ravins,
se déroulait à l'infini.

L'air était froid, calme ; je me sentis réveillé,
comme subtilisé par cette atmosphère glaciale.

Mon premier regard fut pour reconnaître la
direction du comte et de la vieille. Leur haute
taille noire s'élevait lentement sur la colline, à
deux cents pas de moi. Elle se découpait sur le
ciel, piqué d'étoiles sans nombre.

Je les atteignis à la descente du ravin.

Le comte marchait lentement, le suaire traînait toujours... Son attitude, ses mouvements
et ceux de la vieille avaient quelque chose
d'automatique.

Ils allaient, à vingt pas devant moi, suivant
le chemin creux de l'Altenberg, tantôt dans
l'ombre, tantôt en pleine lumière, car la lune
brillait d'un éclat surprenant. Quelques nuages
la suivaient de loin, et semblaient étendre vers
elle leurs grands bras pour la saisir ; mais elle
leur échappait toujours, et ses rayons, froids
comme des lames d'acier, me pénétraient jusqu'au cœur.

J'aurais voulu retourner : une force invincible me portait à suivre le funèbre cortége.

A cette heure, je vois encore le sentier qui monte entre les broussailles du Schwartz-Wald, j'entends la neige craquer sous mes pas, la feuille se traîner au souffle de la bise... Je me vois suivre ces deux êtres silencieux... et je ne puis comprendre quelle puissance mystérieuse m'entraînait dans leur courant.

Enfin, nous voici dans les bois, sous de grands hêtres, nus, dépouillés... Les ombres noires de leurs hautes branches se brisent sur les rameaux inférieurs, et traversent le chemin comblé de neige... Il me semble parfois entendre marcher derrière moi.

Je retourne brusquement la tête et ne vois rien.

Nous venions d'atteindre une ligne de rochers à la crête de l'Altenberg ; derrière ces rochers coule le torrent du Schnéeberg..., mais en hiver les torrents ne coulent pas... c'est à peine si un filet d'eau serpente sous leur couche épaisse de glace... la solitude n'a plus ni son murmure, ni ses gazouillements, ni son tonnerre... Ce qu'il y a de plus effrayant, c'est le silence !

Le comte de Nideck et la vieille trouvèrent une brèche faite dans le roc... ils montèrent tout droit... sans hésiter... avec une certitude incroyable ; moi, je dus m'accrocher aux broussailles pour les suivre.

A peine au haut de ce roc, qui formait une pointe sur l'abîme, je me vis à trois pas d'eux, et, de l'autre côté, j'aperçus un précipice sans fond. A notre gauche, tombait le torrent du Schnéeberg alors pris de glace et suspendu dans les airs. — Cette apparence du flot qui bondit, entraînant dans sa chute les arbres voisins, aspirant les broussailles, et dévidant le lierre, qui suit la vague sans perdre sa racine... cette apparence du mouvement dans l'immobilité de la mort, et ces deux personnages silencieux, procédant à leur œuvre sinistre avec l'impassibilité de l'automate... tout cela renouvela mes terreurs.

La nature elle-même semblait partager mon épouvante.

Le comte avait déposé son fardeau, la vieille et lui le balancèrent un instant au bord du gouffre... puis le long suaire flotta sur l'abîme... Et les meurtriers se penchèrent...

Ce long drap blanc qui flotte me passe encore devant les yeux... Je le vois descendre... descendre... comme le cygne frappé à la cime des airs... l'aile détendue... la tête renversée... tourbillonnant dans la mort.

Il disparut dans les profondeurs du précipice.

En ce moment, le nuage qui depuis longtemps s'approchait de la lune la voila lentement de ses contours bleuâtres; les rayons se retirèrent.

La vieille, tenant le comte par la main, et l'entraînant avec une rapidité vertigineuse, m'apparut une seconde.

Le nuage était en plein sur le disque. Je ne pouvais faire un pas sans risquer de me précipiter dans l'abîme.

Au bout de quelques minutes, il y eut une crevasse dans le nuage. Je regardai. J'étais seul à la pointe du roc; la neige me montait jusqu'aux genoux.

Saisi d'horreur... je redescendis l'escarpement et me mis à courir vers le château, bouleversé comme si j'eusse commis un crime!...

Quant au seigneur du Nideck et à la vieille, je ne les voyais plus dans la plaine.

Où étaient-ils? Comment avaient-ils disparu.

IX

J'errais autour du Nideck sans pouvoir retrouver l'issue par laquelle j'étais sorti.

Tant d'inquiétudes et d'émotions successives commençaient à réagir sur ma tête; je marchais au hasard, me demandant avec terreur si la folie ne jouait pas un rôle dans mes idées, ne pouvant me résoudre à croire à ce que j'avais vu, et cependant effrayé de la lucidité de mes perceptions.

Cet homme qui lève un flambeau dans les ténèbres, qui hurle comme un loup, qui va froidement accomplir un crime imaginaire... sans en omettre un geste, une circonstance... le moindre détail... qui s'échappe enfin et confie au torrent le secret de son meurtre : tout cela me torturait l'esprit... allait et venait sous mes yeux, et me produisait l'effet d'un cauchemar.

Je courais, haletant, égaré par les neiges, ne sachant de quel côté me diriger.

Le froid devenait plus vif à l'approche du jour... Je grelottais... Je maudissais Sperver d'être venu me prendre à Tubingue, pour me lancer dans cette aventure hideuse.

Enfin, exténué, la barbe chargée de glaçons, les oreilles à demi gelées, je finis par découvrir la grille et je sonnai à tour de bras.

Il était alors environ quatre heures du matin. Knapwurst se fit terriblement attendre. Sa petite *cassine*, adossée contre le roc, près du grand portail, restait silencieuse; il me semblait que le bossu n'en finirait pas de s'habiller, car je le supposais couché, peut-être endormi.

Je sonnai de nouveau.

A ce coup, sa figure grotesque sortit brusquement, et me cria de la porte, d'un accent furieux :

« Qui est là !

— Moi... le docteur Fritz !

— Ah ! c'est différent... *Voyons voir.* »

Il rentra dans sa loge chercher une lanterne, traversa la cour extérieure, ayant de la neige jusqu'au ventre, et, me fixant à travers la grille :

« Pardon... pardon... docteur Fritz, dit-il, je vous croyais couché là-haut, dans la tour de Hugues... Comment... c'était vous qui sonniez? Tiens! tiens! C'est donc ça que Sperver est venu me demander vers minuit si personne n'était sorti... J'ai répondu que non.... et, de fait, je ne vous avais pas vu.

— Mais, au nom du ciel, Monsieur Knapwurst, ouvrez donc! vous m'expliquerez cela plus tard.

— Allons, allons, un peu de patience. »

Et le bossu lentement, lentement, défaisait le cadenas et roulait la grille, tandis que je claquais des dents et frissonnais des pieds à la tête.

« Vous avez bien froid, docteur! me dit alors le petit homme, vous ne pouvez entrer au château... Sperver en a fermé la porte intérieure... je ne sais pourquoi.... cela ne se fait pas d'habitude... la grille suffit : venez vous chauffer chez moi. Vous ne trouverez pas ma petite chambre merveilleuse. Ce n'est à proprement parler qu'un réduit... mais, quand on a froid, on n'y regarde pas de si près. »

Sans répondre à son bavardage, je le suivais rapidement.

Nous entrâmes dans la *cassine*, et, malgré mon état de congélation presque totale, je ne pus m'empêcher d'admirer le désordre pittoresque de cette sorte de niche. La toiture d'ardoises appuyée d'un côté contre le roc, et de l'autre sur un mur de six à sept pieds de haut, laissait voir ses poutres noircies, s'étayant jusqu'au faîte.

L'appartement se composait d'une pièce unique, ornée d'un grabat que le gnome ne se donnait pas la peine de faire tous les jours, et de deux petites fenêtres à carreaux hexagones, où la lune avait déteint ses rayons nacrés de rose et de violet. Une grande table carrée en occupait le milieu. Comment cette grande table de chêne massif était-elle entrée par cette petite porte?.. Il eût été difficile de le dire.

Quelques tablettes ou étagères soutenaient des rouleaux de parchemin, de vieux bouquins, grands et petits. Sur la table était ouvert un immense volume à majuscules peintes, à reliure de peau blanche, à fermoir et coins d'argent. Cela me parut avoir tout l'air d'un recueil de chroniques. Enfin deux fauteuils, dont l'un de cuir roux et l'autre garni d'un coussin de duvet, où l'échine anguleuse et le coxal biscornu de Knapwurst avaient laissé leur empreinte, complétaient l'ameublement.

Je passe l'écritoire, les plumes, le pot à tabac, les cinq ou six pipes éparses à droite et à gauche, et dans un coin le petit poêle de fonte à porte basse, ouverte, ardente, lançant parfois une gerbe d'étincelles, avec le sifflement bizarre du chat qui se fâche et lève la patte.

Tout cela était plongé dans cette belle teinte brune d'ambre enfumé qui repose la vue, et dont les vieux maîtres flamands ont emporté le secret.

« Vous êtes donc sorti hier soir, Monsieur le docteur? me dit Knapwurst, lorsque nous fûmes commodément installés, lui devant son volume, moi les mains contre le tuyau du poêle.

—Oui, d'assez bonne heure, lui répondis-je; un bûcheron du Schwartz-Wald avait besoin de mon secours : il s'était donné de la hache dans le pied gauche. »

Cette explication parut satisfaire le bossu; il alluma sa pipe, une petite pipe de vieux buis, toute noire, qui lui pendait sur le menton.

« Vous ne fumez pas, docteur?
— Pardon.
— Eh bien! bourrez donc une de mes pipes... J'étais là, fit-il en étendant sa longue main jaune sur le volume ouvert, j'étais à lire les chroniques de Hertzog, lorsque vous avez sonné. »

Je compris alors la longue attente qu'il m'avait fait subir.

« Vous aviez un chapitre à finir? lui dis-je en souriant.

— Oui, Monsieur... » fit-il de même.

Et nous rîmes ensemble.

« C'est égal, reprit-il, si j'avais su que c'était vous, j'aurais interrompu le chapitre. »

Il y eut quelques instants de silence.

Je considérais la physionomie vraiment hétéroclite du bossu, ces grandes rides contournant sa bouche, ces petits yeux plissés, ce nez tourmenté, arrondi par le bout, et surtout ce front volumineux à double étage. Je trouvais à la figure de Knapwurst quelque chose de socratique, et, tout en me chauffant, en écoutant le feu pétiller, je réfléchissais au sort étrange de certains hommes :

« Voilà ce nain, me disais-je, cet être difforme, rabougri, exilé dans un coin du Nideck, comme le grillon qui soupire derrière la plaque de l'âtre ; voilà ce Knapwurst qui, au milieu de l'agitation, des grandes chasses, des cavalcades allant et venant, des aboiements, des ruades et des halali... le voilà qui vit seul, enfoui dans ses livres, ne songeant qu'aux temps écoulés, tandis que tout chante ou pleure autour de lui... que le printemps, l'été, l'hiver, passent et viennent regarder, tour à tour, à travers ses petites vitres ternes, égayant, chauffant, engourdissant la nature!... Pendant que tant d'autres êtres se livrent aux entraînements de l'amour, de l'ambition, de l'avarice... espèrent... convoitent... désirent... lui n'espère rien, ne convoite, ne désire rien. Il fume sa pipe, et, les yeux fixés sur un vieux parchemin, il rêve... il s'enthousiasme pour des choses qui n'existent plus, ou qui n'ont jamais existé... ce qui revient au même : — Hertzog a dit ceci... un tel suppose autre chose? — Et il est heureux!... Sa peau parchemineuse se recoquille, son échine en trapèze se casse de plus en plus, ses grands coudes aigus creusent leur trou dans la table, tandis que ses longs doigts s'implantent dans ses joues, et que ses petits yeux gris se fixent sur des caractères latins, étrusques ou grecs. Il s'extasie, il se lèche les lèvres, comme un chat qui vient de laper un plat friand. Et puis il s'étend sur un grabat, les jambes croisées, croyant avoir fait sa suffisance. Oh! Dieu du ciel, est-ce en haut, est-ce en bas de l'échelle, qu'on trouve l'application sévère de tes lois, l'accomplissement du devoir? »

Et cependant la neige fondait autour de mes jambes; la douce haleine du poêle me pénétrait. Je me sentais renaître dans cette atmosphère enfumée de tabac et de résine odorante.

Knapwurst venait de poser sa pipe sur la table, et appuyant de nouveau la main sur l'in-folio :

« Voici, docteur Fritz, dit-il d'un ton grave qui semblait sortir du fond de sa conscience ou, si vous aimez mieux, d'une tonne de vingt-cinq mesures, voici la loi et les prophètes !

— Comment cela, Monsieur Knapwurst ?

— Le parchemin... le vieux parchemin, dit-il, j'aime ça ! Ces vieux feuillets jaunes, vermoulus, c'est tout ce qui nous reste des temps écoulés, depuis Kar-le-Grand jusqu'aujourd'hui ! Les vieilles familles s'en vont... les vieux parchemins restent ! Que serait la gloire des Hohenstaufen, des Leiningen, des Nideck et de tant d'autres races fameuses?... Que seraient leurs titres, leurs armoiries, leurs hauts faits, leurs expéditions lointaines en Terre-Sainte, leurs alliances, leurs antiques prétentions, leurs conquêtes accomplies... et depuis longtemps effacées?... Que serait tout cela... sans ces parchemins? Rien ! Ces hauts barons, ces ducs, ces princes seraient comme s'ils n'avaient jamais été..., eux et tout ce qui les touchait de près ou de loin !... Leurs grands châteaux, leurs palais, leurs forteresses tombent et s'effacent... Ce sont des ruines, de vagues souvenirs !... De tout cela, une seule chose subsiste : la chronique... l'histoire... le chant du barde ou du minnesinger... le parchemin ! »

Il y eut un silence. Knapwurst reprit :

« Et dans ces temps lointains, — où les grands chevaliers allaient guerroyant, bataillant, se disputant un coin de bois, un titre, et quelquefois moins ! — avec quel dédain ne regardaient-ils pas ce pauvre petit scribe, cet homme de lettres et de grimoire, habillé de ratine, l'écritoire à la ceinture pour toute arme, et la barbe de sa plume pour fanon! Combien ne le méprisaient-ils pas, disant : « Celui-ci n'est qu'un atome, un puceron ; il n'est bon à rien, il ne fait rien, ne perçoit point nos impôts et n'administre point nos domaines, tandis que nous, hardis, bardés de fer, la lance au poing, nous sommes tout! » Oui, ils disaient cela, voyant le pauvre diable traîner la semelle, grelotter en hiver, suer en été, moisir dans sa vieillesse. Eh bien! ce puceron, cet atome les fait survivre à la poussière de leurs châteaux, à la rouille de leurs armures! — Aussi, moi, j'aime ces vieux parchemins, je les respecte, je les vénère. Comme le lierre, ils couvrent les ruines, ils empêchent les vieilles murailles de s'écrouler et de disparaître tout à fait. »

En disant cela, Knapwurst semblait grave, recueilli ; une pensée attendrie faisait trembler deux larmes dans ses yeux.

Pauvre bossu, il aimait ceux qui avaient toléré, protégé ses ancêtres! Et puis, il disait vrai : ses paroles avaient un sens profond.

J'en fus tout surpris.

« Monsieur Knapwurst, lui dis-je, vous avez donc appris le latin?

— Oui, Monsieur, tout seul, répondit-il non sans quelque vanité, le latin et le grec; de vieilles grammaires m'ont suffi. C'étaient des livres du comte, mis au rebut; ils me tombèrent dans les mains... je les dévorai!... Au bout de quelque temps, le seigneur du Nideck, m'ayant entendu par hasard faire une citation latine, s'étonna : « Qui donc t'a appris le latin, Knapwurst? — Moi-même, Monseigneur. » Il me posa quelques questions. J'y répondis assez bien. « Parbleu! dit-il, Knapwurst en sait plus que moi ; je veux en faire mon archiviste. » Et il me remit la clef des archives. Depuis ce temps, il y a de cela trente-cinq ans, j'ai tout lu, tout feuilleté. Quelquefois, le comte, me voyant sur mon échelle, s'arrête un instant, et me demande : « Eh! que fais-tu donc là, Knapwurst? — Je lis les archives de la famille, Monseigneur. — Ah! et ça te réjouit? — Beaucoup. — Allons; tant mieux! sans toi, Knapwurst, qui saurait la gloire des Nideck? » Et il s'en va en riant. Je fais ici ce que je veux.

— C'est donc un bien bon maître, monsieur Knapwurst?

— Oh! docteur Fritz, quel cœur! quelle franchise! fit le bossu en joignant les mains; il n'a qu'un défaut.

— Et lequel?

— De n'être pas assez ambitieux.

— Comment?

— Oui, il aurait pu prétendre à tout. Un Nideck! l'une des plus illustres familles d'Allemagne, songez donc! il n'aurait eu qu'à vouloir... il serait ministre, ou feld-maréchal... Eh bien! non; dès sa jeunesse, il s'est retiré de la politique; — sauf la campagne de France qu'il a faite à la tête d'un régiment qu'il avait levé à son compte, — sauf cela, il a toujours vécu loin du bruit, de l'agitation, simple, presque ignoré, ne s'inquiétant que de ses chasses. »

Ces détails m'intéressaient au plus haut point. La conversation prenait d'elle-même le chemin que j'aurais voulu lui faire suivre. Je résolus d'en profiter.

« Le comte n'a donc pas eu de grandes passions, monsieur Knapwurst?

— Aucune, docteur Fritz, aucune, et c'est

dommage, car les grandes passions font la gloire des grandes familles. Quand un homme, dépourvu d'ambition, se présente dans une haute lignée, c'est un malheur. Il laisse déchoir sa race... Je pourrais vous en citer bien des exemples ! Ce qui ferait le bonheur d'une famille de marchands cause la perte des noms illustres. »

J'étais étonné ; toutes mes suppositions sur l'existence passée du comte croulaient.

« Cependant, monsieur Knapwurst, le seigneur du Nideck a éprouvé des malheurs !...

— Lesquels ?

— Il a perdu sa femme...

— Oui, vous avez raison... sa femme... un ange... il l'avait épousée par amour... C'était une Zâan... vieille et bonne noblesse d'Alsace, mais ruinée par la révolution. La comtesse Odette faisait le bonheur de Monseigneur. Elle mourut d'une maladie de langueur qui traîna cinq ans. Ah ! tout fut épuisé pour la sauver ; ils firent ensemble un voyage en Italie ; elle en revint beaucoup plus mal, et succomba quelques semaines après leur retour. Le comte faillit en mourir. Pendant deux ans il s'enferma, ne voulant voir personne. Sa meute, ses chevaux, il laissait tout dépérir. Le temps a fini par calmer sa douleur. Mais il y a toujours quelque chose qui reste là, — fit le bossu, en appuyant le doigt sur son cœur avec émotion — vous comprenez... quelque chose qui saigne ! Les vieilles blessures font mal, aux changements de temps... et les vieilles douleurs aussi, vers le printemps, quand l'herbe croît sur les tombes... et en automne quand les feuilles des arbres couvrent la terre... Du reste, le comte n'a pas voulu se remarier : il a reporté toute son affection sur sa fille.

— Ainsi ce mariage a toujours été heureux?

— Heureux ! Il était une bénédiction pour tout le monde. »

Je me tus. Le comte n'avait pas commis, il n'avait pu commettre un crime. Il fallait me rendre à l'évidence. Mais alors, cette scène nocturne, ces relations avec la Peste-Noire, ce simulacre épouvantable, ce remords dans le rêve entraînant les coupables à trahir leur passé, qu'était-ce donc ?

Je m'y perdais !

Knapwurst ralluma sa pipe, et m'en offrit une que j'acceptai.

Alors, le froid glacial qui m'avait saisi était dissipé ; je me sentais dans cette douce quiétude qui suit les grandes fatigues, lorsque étendu dans un bon fauteuil, au coin du feu, enveloppé d'un nuage de fumée, on s'abandonne au plaisir du repos, et qu'on écoute le duo du grillon et de la bûche qui siffle dans la flamme.

Nous restâmes bien un quart d'heure ainsi.

« Le comte de Nideck s'emporte quelquefois contre sa fille ? » me hasardai-je à dire.

Knapwurst tressaillit, et, me fixant d'un regard louche, presque hostile :

« Je sais, je sais ! »

Je l'observais du coin de l'œil, pensant apprendre quelque chose de nouveau, mais il ajouta d'un air ironique :

« Les tours du Nideck sont trop hautes, et la calomnie a le vol trop bas, pour qu'elle puisse jamais y monter.

— Sans doute, mais le fait est positif.

— Oui, que voulez-vous ? c'est une lubie, un effet de son mal... Une fois les crises passées, toute son affection pour mademoiselle Odile reparaît... C'est curieux, Monsieur : un amant de vingt ans ne serait pas plus enjoué, plus affectueux... Cette jeune fille fait sa joie, son orgueil. Figurez-vous que je l'ai vu dix fois monter à cheval pour lui chercher une parure, des fleurs, que sais-je? Il partait seul et rapportait ces choses comme en triomphe, sonnant du cor. Il n'aurait voulu en confier la commission à personne, pas même à Sperver, qu'il aime tant! Aussi, mademoiselle Odile n'ose exprimer un désir devant lui, de peur de ces folies... Enfin, que puis-je vous dire?... Le comte de Nideck est le plus digne homme, le plus tendre père et le meilleur maître qu'on puisse souhaiter... Les braconniers qui ravagent ses forêts... l'ancien comte Ludwig les aurait fait pendre sans miséricorde; lui, il les tolère, il en fait même des gardes-chasse. Voyez Sperver : eh bien! si le comte Ludwig vivait encore, les os de Sperver seraient en train de jouer des castagnettes au bout d'une corde... tandis qu'il est premier piqueur au château ! »

Décidément, c'était à confondre toutes mes suppositions. Je me pris le front entre les mains et je rêvai longtemps.

Knapwurst, supposant que je dormais, s'était remis à sa lecture.

Le jour grisâtre pénétrait alors dans la *cassine*... La lampe pâlissait... On entendait de vagues rumeurs dans le château.

Tout à coup des pas retentirent au dehors. Je vis passer quelqu'un devant les fenêtres. La porte s'ouvrit brusquement, et Gédéon parut sur le seuil.

XI

La pâleur de Sperver et l'éclat de son regard annonçaient de nouveaux événements ; cependant il était calme et ne parut pas étonné de ma présence chez Knapwurst.

« Fritz, me dit-il d'un ton bref, je viens te chercher. »

Je me levai sans répondre et je le suivis.

A peine étions-nous sortis de la *cassine*, qu'il me prit par le bras, et m'entraîna vivement vers le château.

« Mademoiselle Odile veut te parler, fit-il en se penchant à mon oreille.

— Mademoiselle Odile !... serait-elle malade?

—Non, elle est tout à fait remise ; mais il se passe quelque chose d'extraordinaire. Figure-toi que ce matin, vers une heure, voyant le comte près de rendre l'âme, je vais pour éveiller la comtesse ; au moment de sonner, le cœur me manque : « Pourquoi l'attrister ? me dis-je, elle n'apprendra le malheur que trop tôt ; et puis l'éveiller au milieu de la nuit, si faible et déjà toute brisée par tant de secousses, ça suffirait pour la tuer du coup ! » Je reste là dix minutes à réfléchir ; enfin, je prends tout sur moi. Je rentre dans la chambre du comte, je regarde... personne ! Ce n'est pas possible : un homme à l'agonie ! Je cours dans le corridor comme un fou... Rien ! J'entre dans la grande galerie... Rien ! Alors, je perds la tête, et me voilà de nouveau devant la chambre de mademoiselle Odile. Cette fois, je sonne ; elle paraît en criant : « Mon père est mort ?—Non... — Il a disparu ? — Oui, Madame... J'étais sorti un instant... Lorsque je suis rentré... — Et le docteur Fritz... où est-il ? — Dans la tour de Hugues. — Dans la tour de Hugues ! » Elle s'enveloppe de sa robe de chambre... prend la lampe et sort... Moi, je reste. Un quart d'heure après, elle revient, les pieds tout couverts de neige... et pâle... pâle... enfin ça faisait pitié... Elle pose sa lampe sur la cheminée, et me dit, en me regardant : « C'est vous qui avez installé le docteur dans la tour ? — Oui, Madame. — Malheureux !... vous ne saurez jamais le mal que vous avez fait... » Je voulais répondre. « Cela suffit... allez fermer toutes les portes... et couchez-vous... Je veillerai moi-même... Demain matin, vous irez prendre le docteur Fritz, chez Knapwurst, et vous me l'amènerez... Pas de bruit ! vous n'avez rien vu !... vous ne savez rien ! »

— C'est tout, Sperver ? »

Il inclina la tête gravement.

« Et le comte ?

— Il est rentré... Il va bien ! »

Nous étions arrivés dans l'antichambre... Gédéon frappa doucement à la porte, puis il ouvrit, annonçant :

« Le docteur Fritz ! »

Je fis un pas, j'étais en présence d'Odile... Sperver s'était retiré en fermant la porte.

Une impression étrange se produisit dans mon esprit à la vue de la jeune comtesse, pâle, debout, la main appuyée sur le dossier d'un fauteuil, les yeux brillant d'un éclat fébrile et vêtue d'une longue robe de velours noir.

Elle était calme et fière.

Je me sentis tout ému.

« Monsieur le docteur, dit-elle en m'indiquant un siége, veuillez vous asseoir, j'ai à vous entretenir d'une chose grave. »

J'obéis en silence.

Elle s'assit à son tour et parut se recueillir.

« La fatalité, Monsieur, reprit-elle en fixant sur moi ses grands yeux bleus, la fatalité ou la Providence, je ne sais pas encore laquelle des deux, vous a rendu témoin d'un mystère où se trouve engagé l'honneur de ma famille. »

Elle savait tout.

Je restai stupéfait.

« Madame, balbutiai-je, croyez bien que le hasard seul...

— C'est inutile, fit-elle, je sais tout... C'est affreux ! »

Puis d'un accent à fendre l'âme :

« Mon père n'est point coupable ! » cria-t-elle.

Je frémis, et les mains étendues :

« Je le sais, Madame, je connais la vie du comte, l'une des plus belles, des plus nobles qu'il soit possible de rêver. »

Odile s'était levée à demi, comme pour protester contre toute pensée hostile à son père; en m'entendant le défendre moi-même, elle s'affaissa et, se couvrant le visage, elle fondit en larmes.

« Soyez béni, Monsieur, murmurait-elle, soyez béni; je serais morte à la pensée qu'un soupçon...

— Ah! Madame, qui pourrait prendre pour des réalités les vaines illusions du somnambulisme?

— C'est vrai, Monsieur, je m'étais dit cela, mais les apparences... je craignais... pardonnez-moi... J'aurais dû me souvenir que le docteur Fritz est un honnête homme...

— De grâce, Madame, calmez-vous.

— Non, fit-elle, laissez-moi pleurer... Ces larmes me soulagent... j'ai tant souffert depuis dix ans!... tant souffert!... Ce secret, si longtemps enfermé dans mon âme... il me tuait... j'en serais morte... comme ma mère!... Dieu m'a prise en pitié... il vous en a confié la moitié... Laissez-moi tout vous dire, Monsieur, laissez-moi... »

Elle ne put continuer; les sanglots l'étouffaient.

Les natures fières et nerveuses sont ainsi

faites. Après avoir vaincu la douleur, après l'avoir emprisonnée, enfouie et comme écrasée dans les profondeurs de l'âme, elles passent, sinon heureuses, du moins indifférentes au milieu de la foule, et l'œil de l'observateur lui-même pourrait s'y tromper; mais vienne un choc subit, un déchirement inattendu, un coup de tonnerre, alors tout s'écroule, tout disparaît. L'ennemi vaincu se relève plus terrible qu'avant sa défaite; il secoue les portes de sa prison avec fureur, et de longs frémissements agitent le corps, et les sanglots soulèvent la poitrine, et les larmes, trop longtemps contenues, débordent des yeux, abondantes et pressées comme une pluie d'orage.

Telle était Odile!

Enfin, elle releva la tête, essuya ses joues baignées de larmes, et, s'étant accoudée au bras de son fauteuil, la joue dans la main, les yeux fixés sur un portrait suspendu au mur, elle reprit d'une voix lente et mélancolique :

« Quand je descends dans le passé, Monsieur..., quand je remonte jusqu'au premier de mes rêves, je vois ma mère! — c'était une femme grande, pâle et silencieuse... elle était jeune encore à l'époque dont je parle : elle avait trente ans à peine, et pourtant on lui en eût au moins donné cinquante ! — Des cheveux blancs voilaient son front pensif. Ses joues amaigries, son profil sévère, ses lèvres toujours contractées par une pression douloureuse, donnaient à ses traits un de ces caractères étranges, où viennent se réfléchir la douleur et l'orgueil. Il n'y avait plus rien de la jeunesse dans cette vieille femme de trente ans... rien que sa taille droite et fière... ses yeux brillants... et sa voix douce et pure *comme un rêve de l'enfance.* Elle se promenait souvent des heures entières dans cette même salle... la tête penchée... Et moi... je courais... heureuse... oui... heureuse autour d'elle... ne sachant point... pauvre enfant... que ma mère était triste... ne comprenant pas ce qu'il y avait de profonde mélancolie sous ce front couvert de rides!... J'ignorais le passé... le présent pour moi... c'était la joie... et l'avenir... oh! l'avenir... c'étaient les jeux du lendemain! »

Odile sourit avec amertume et reprit :

« Quelquefois, il m'arrivait, au milieu de

mes courses bruyantes, de heurter la promenade silencieuse de ma mère... Elle s'arrêtait alors, baissait les yeux, et, me voyant à ses pieds, elle se penchait lentement, m'embrassait au front avec un vague sourire, puis elle se levait pour reprendre sa marche et sa tristesse interrompues. Depuis, Monsieur, quand j'ai voulu chercher dans mon âme le souvenir des premières années... cette grande femme pâle m'est apparue comme l'image de la douleur. La voilà, — fit-elle en m'indiquant de la main un portrait suspendu au mur — la voilà telle que l'avait faite, non point la maladie, comme le croit mon père, mais ce terrible et fatal secret.... Regardez ! »

Je me retournai, et mon regard tombant tout à coup sur le portrait que m'indiquait la jeune fille, je me sentis frémir.

Imaginez une tête longue, pâle, maigre, empreinte de la froide rigidité de la mort, et par les orbites de cette tête, deux yeux noirs, fixes, ardents, d'une vitalité terrible, qui vous regardent !

Il y eut un instant de silence.

« Que cette femme a dû souffrir ! me dis-je, et mon cœur se serra douloureusement.

— J'ignore comment ma mère avait fait cette épouvantable découverte, reprit Odile, mais elle connaissait l'attraction mystérieuse de la Peste-Noire, les rendez-vous dans la chambre de Hugues... Tout enfin, tout ! — Elle ne doutait pas de mon père. Oh non ! seulement, elle mourait lentement, comme je meurs moi-même. »

Je pris mon front dans mes mains... je pleurais !

« Une nuit, poursuivit-elle, j'avais alors dix ans, — ma mère, que son énergie seule soutenait encore, était à la dernière extrémité. — C'était en hiver... je dormais; tout à coup une main nerveuse et froide me saisit le poignet; je regarde : en face de moi se trouvait une femme; d'une main elle portait un flambeau, et de l'autre elle m'étreignait le bras, que je sentais pris comme dans un étau de glace. Sa robe était couverte de neige; un tremblement convulsif agitait tous ses membres, et ses yeux brillaient d'un feu sombre, à travers ses longs cheveux blancs déroulés sur son visage: c'était ma mère ! « Odile, mon enfant, me dit-elle, lève-toi, habille-toi, il faut que tu saches tout ! » Je m'habillai, tremblante de peur.

Alors, m'entraînant à la tour de Hugues, elle me montra la citerne ouverte. « Ton père va sortir de là, dit-elle, en m'indiquant la tour; il va sortir avec la Louve. Ne tremble pas, il ne peut te voir. » Et en effet, mon père, chargé de son fardeau funèbre, sortit avec la vieille. Ma mère, me portant dans ses bras, les suivit. Elle me fit voir la scène de l'Altenberg. « Regarde, enfant, criait-elle, il le faut; car moi... je vais mourir. Ce secret, tu le garderas. Tu veilleras ton père... seule... toute seule... entends-tu bien ?.. Il y va de l'honneur de ta famille ! » — Et nous revînmes. — Quinze jours après, Monsieur, ma mère mourut, me léguant son œuvre à continuer, son exemple à suivre. Cet exemple, je l'ai suivi religieusement... Au prix de quels sacrifices ! Vous avez pu le voir : il m'a fallu désobéir à mon père, lui déchirer le cœur ! — Me marier, c'était introduire l'étranger au milieu de nous. C'était trahir le secret de notre race. J'ai résisté ! Tout le monde ignore au Nideck le somnambulisme du comte, et, sans la crise d'hier, qui a brisé mes forces et m'a empêchée de veiller mon père moi-même, je serais encore seule dépositaire du terrible secret !... Dieu en a décidé autrement : il a mis entre vos mains l'honneur de notre famille... Je pourrais exiger de vous, Monsieur, une promesse solennelle de ne jamais révéler ce que vous avez vu cette nuit. Ce serait mon droit...

— Madame, m'écriai-je en me levant, je suis tout prêt...

— Non, Monsieur, dit-elle avec dignité, non, je ne vous ferai point cette injure. Les serments n'engagent pas les cœurs vils, et la probité suffit aux cœurs honnêtes... Ce secret, vous le garderez, j'en suis sûre... Vous le garderez, parce que c'est votre devoir!... Mais j'attends de vous plus que cela, Monsieur, beaucoup plus... et voilà pourquoi je me suis crue obligée de tout vous dire. »

Elle se leva lentement.

« Docteur Fritz, reprit-elle d'une voix qui me fit tressaillir, mes forces trahissent mon courage; je ploie sous le fardeau. J'ai besoin d'un aide, d'un conseil, d'un ami : voulez-vous être cet ami? »

Je me levai tout ému.

« Madame, lui dis-je, j'accepte avec reconnaissance l'offre que vous me faites, et je ne saurais vous dire combien j'en suis fier, mais permettez-moi cependant d'y mettre une condition.

— Parlez, Monsieur.

— C'est que ce titre d'ami... je l'accepterai avec toutes les obligations qu'il m'impose...

— Que voulez-vous dire ?

— Un mystère plane sur votre famille, Madame; ce mystère, il faut le pénétrer à tout prix... il faut s'emparer de la Peste-Noire... savoir qui elle est... ce qu'elle veut... d'où elle vient!...

— Oh! fit-elle, en agitant la tête, c'est impossible!...

— Qui sait, Madame? la Providence avait peut-être des vues sur moi, en inspirant à Sperver l'idée de venir me prendre à Tubingue.

— Vous avez raison, Monsieur, répondit-elle gravement; la Providence ne fait rien d'inutile. Agissez comme votre cœur vous le conseillera. J'approuve tout d'avance! »

Je portai à mes lèvres la main qu'elle me tendait, et je sortis plein d'admiration pour cette jeune femme si frêle, et pourtant si forte contre la douleur.

Rien n'est beau comme le devoir noblement accompli!

XII.

Une heure après ma conversation avec Odile, Sperver et moi nous sortions ventre à terre du Nideck.

Le piqueur, courbé sur le cou de son cheval, n'avait qu'un cri : « Hue!... »

Il allait si vite que son grand mecklembourg, la crinière flottante, la queue droite et les jarrets tendus, semblait immobile : il fendait littéralement l'air. Quant à mon petit ardennais, je crois qu'il avait pris le mors aux dents. Lieverlé nous accompagnait, voltigeant à nos côtés comme une flèche. Le vertige nous emportait sur ses ailes!

Les tours du Nideck étaient loin, et Sperver avait pris l'avance, comme d'habitude, lorsque je m'écriai :

« Halte, camarade! halte!... Avant de poursuivre notre route, délibérons! »

Il fit volte-face.

« Dis-moi seulement, Fritz, s'il faut tourner à droite ou à gauche.

— Non; approche, il est indispensable que tu connaisses le but de notre voyage. En deux mots, il s'agit de prendre la vieille ! »

Un éclair de satisfaction illumina la figure longue et jaune du vieux braconnier... ses yeux étincelèrent.

« Ah! ah! fit-il, je savais bien que nous serions forcés d'en venir là. »

Et d'un mouvement d'épaule, il fit glisser sa carabine dans sa main.

Ce geste significatif me donna l'éveil.

« Un instant, Sperver! il ne s'agit pas de tuer la Peste-Noire, mais de la prendre vivante.

— Vivante?

— Sans doute... et pour t'épargner bien des remords, je dois te prévenir que la destinée de la vieille est liée à celle de ton maître. Ainsi, la balle qui la frapperait tuerait le comte du même coup. »

Sperver ouvrit la bouche, tout stupéfait.

« Est-ce bien vrai, Fritz?

— C'est positif. »

Il y eut un long silence; nos deux chevaux,

Fox et Reppel, balançaient la tête l'un en face de l'autre, et se saluaient, grattant la neige du pied, comme pour se féliciter de l'expédition. Lieverlé bâillait d'impatience, allongeant et pliant sa longue échine maigre, comme une couleuvre, et Sperver restait immobile, la main sur sa carabine. Tout à coup, il la fit repasser sur son dos et s'écria :

« Eh bien ! tâchons de la prendre vivante, cette Peste... nous mettrons des gants, s'il le faut ; mais ce n'est pas aussi facile que tu le penses, Fritz. »

Et la main étendue vers les montagnes qui se déroulaient en amphithéâtre autour de nous, il ajouta :

« Regarde : voici l'Altenberg, le Birkenwald, le Schnéeberg, l'Oxenhorn, le Rhéethâl, le Behrenkopf... et si nous montions un peu, tu verrais cinquante autres pics à perte de vue, jusque dans les plaines du Palatinat ; il y a là dedans des rochers, des ravins, des défilés, des torrents et des forêts, toujours des forêts : ici des sapins, plus loin des hêtres, plus loin des chênes. La vieille se promène au milieu de tout cela ; elle a bon pied, bon œil ; elle vous flaire d'une lieue. Allez donc la prendre

— Si c'était facile, où serait le mérite? Je ne t'aurais pas choisi tout exprès.

— C'est bel et bon, ce que tu me chantes-là, Fritz!... Encore si nous tenions un bout de sa piste, je ne dis pas qu'avec du courage, de la patience...

— Quant à sa piste, ne t'en inquiète pas, je m'en charge.

— Toi ?

— Moi-même.

— Tu te connais à trouver une piste?

— Et pourquoi pas ?

— Ah! du moment que tu ne doutes de rien... que tu penses en savoir plus que moi... c'est autre chose... marche en avant, je te suis. »

Il était facile de voir le dépit du vieux chasseur, irrité de ce que j'osais toucher à ses connaissances spéciales. Aussi, riant dans ma barbe, je ne me fis pas répéter l'invitation, et je tournai brusquement à gauche, sûr de couper les traces de la vieille, qui, de la poterne, après s'être enfuie avec le comte, avait dû traverser la plaine pour regagner la montagne.

Sperver marchait derrière moi, sifflant d'un

air d'indifférence, et je l'entendais murmurer :

« Allez donc chercher en plaine les traces de la Louve!... un autre se serait imaginé qu'elle a dû suivre la lisière du bois, comme d'habitude... Mais il paraît qu'elle se promène maintenant à droite et à gauche, les mains dans les poches, comme un bourgeois de Tubingue. »

Je faisais la sourde oreille, quand tout à coup je l'entendis s'exclamer de surprise; puis me regardant d'un œil pénétrant :

« Fritz, dit-il, tu en sais plus que tu n'en dis !

— Comment cela, Gédéon?

— Oui, cette piste que j'aurais cherchée huit jours... tu la trouves du premier coup. Ça n'est pas naturel!

— Où la vois-tu donc?

— Eh! n'aie pas l'air de regarder à tes pieds! »

Et m'indiquant au loin une traînée blanche à peine perceptible :

« La voilà! »

Aussitôt il prit le galop; je le suivis, et, deux minutes après, nous mettions pied à terre : c'était bien la trace de la Peste-Noire !

« Je serais curieux de savoir, s'écria Sperver en se croisant les bras, d'où diable cette trace peut venir.

— Que cela ne t'inquiète pas.

— Tu as raison, Fritz, ne fais pas attention à mes paroles... je parle quelquefois en l'air. Le principal est de savoir où la piste nous mènera. »

Et cette fois le piqueur mit le genou dans la neige.

J'étais tout oreilles ; lui, tout attention.

« La trace est fraîche, dit-il à la première inspection ; elle est de cette nuit ! C'est étrange, Fritz : pendant la dernière attaque du comte, la vieille rôdait autour du Nideck. »

Puis, examinant avec plus de soin :

« Elle est de trois à quatre heures du matin.

— Comment le sais-tu ?

— L'empreinte est nette, il y a du grésil tout autour. La nuit dernière, vers minuit, je suis sorti pour fermer les portes : il tombait du grésil... il n'y en a pas sur la trace ; donc elle a été faite depuis.

— C'est juste, Sperver ; mais elle peut avoir été faite beaucoup plus tard : à huit ou neuf heures, par exemple.

— Non, regarde, elle est couverte de verglas. Il ne tombe de brouillard qu'au petit jour... La vieille est passée depuis le grésil... avant le verglas... de trois à quatre heures du matin. »

J'étais émerveillé de la perspicacité de Sperver.

Il se releva, frappant ses mains l'une contre l'autre, pour en détacher la neige, et, me regardant d'un air rêveur, il ajouta, comme se parlant à lui-même :

« Mettons, au plus tard, cinq heures du matin... Il est bien midi, n'est-ce pas, Fritz?

— Midi moins un quart.

— Bon ! la vieille a sept heures d'avance sur nous. Il nous faudra suivre, pas à pas, tout le chemin qu'elle a fait... A cheval, nous pouvons la gagner d'une heure sur deux; et, supposé qu'elle marche toujours, à sept ou huit heures du soir, nous la tenons... En route, Fritz, en route ! »

Nous repartîmes, suivant les traces... Elles nous guidaient droit vers la montagne.

Tout en galopant, Sperver me disait :

« Si le bonheur voulait que cette maudite Peste fût entrée dans un trou, quelque part, ou qu'elle se fût reposée une heure ou deux, nous pourrions la tenir avant la fin du jour.

— Espérons-le, Gédéon.

— Oh! n'y compte pas... n'y compte pas. La vieille Louve est toujours en route... elle est infatigable... elle balaye tous les chemins creux du Schwartz-Wald... Enfin, il ne faut pas se flatter de chimères... Si, par hasard, elle s'est arrêtée... tant mieux... nous en serons plus contents... et si elle a marché toujours... eh bien! nous ne serons pas découragés!... Allons, un temps de galop... hop! hop!... Fox!»

C'est une étrange situation que celle de l'homme à la chasse de son semblable; car, après tout, cette malheureuse était notre semblable; elle était douée comme nous d'une âme immortelle; elle sentait, pensait, réfléchissait comme nous; il est vrai que des instincts pervers la rapprochaient sous quelques rapports de la louve, et qu'un grand mystère planait sur sa destinée. La vie errante avait sans doute oblitéré chez elle le sens moral, et même effacé le caractère humain; mais toujours est-il que rien, rien au monde, ne nous donnait le droit d'exercer sur elle le despotisme de l'homme sur la brute.

Et pourtant, une ardeur sauvage nous entraînait à sa poursuite ; moi-même, je sentais bouillonner mon sang, j'étais déterminé à ne reculer devant aucun moyen, pour m'emparer de cet être bizarre. La chasse au loup, au sanglier, ne m'aurait pas inspiré la même exaltation !

La neige volait derrière nous, et quelquefois des fragments de glace, enlevés par le fer comme à l'emporte-pièce, sifflaient à nos oreilles.

Sperver, tantôt le nez en l'air, sa grande moustache rousse au vent... tantôt son œil gris sur la piste, me rappelait ces fameux Baskirs, que j'avais vus traverser l'Allemagne dans mon enfance, et son grand cheval, maigre, sec, musculeux, la crinière développée, le corsage svelte comme un lévrier, complétait l'illusion.

Lieverlé, dans son enthousiasme, bondissait parfois à la hauteur de nos chevaux, et je ne pouvais m'empêcher de frémir, en songeant à sa rencontre avec la Peste : il était capable de la mettre en pièces, avant qu'elle eût le temps de jeter un cri.

Du reste, la vieille nous donnait terriblement à courir. Sur chaque colline, elle avait fait un crochet, à chaque monticule nous trouvions une fausse trace.

« Encore ici, criait Sperver, ce n'est rien... on voit de loin; mais dans le bois, ce sera bien autre chose... C'est là qu'il faudra ouvrir l'œil!... Vois-tu, la maudite bête, comme elle sait fausser la piste!... La voilà qui s'est amusée à balayer ses pas... et puis, sur cette hauteur exposée au vent, elle s'est glissée jusqu'au ruisseau... elle l'a suivi dans le cresson pour gagner le coin des bruyères... Sans ces deux pas-ci, elle nous dévoyait pour sûr ! »

Nous venions d'atteindre la lisière d'un bois de sapins. La neige, dans ces sortes de forêts, ne dépasse jamais l'envergure des rameaux. C'était un passage difficile. Sperver mit pied à terre pour mieux y voir, et me fit placer à sa gauche, afin d'éviter mon ombre.

Il y avait là de grandes places couvertes de feuilles mortes, et de ces brindilles flexibles de sapin, qui ne prennent pas l'empreinte. Aussi, n'était-ce que dans les espaces libres, où la neige était tombée, que Sperver retrouvait le fil de la trace.

Il nous fallut une heure pour sortir de ce

bouquet d'arbres. Le vieux braconnier s'en rongeait la moustache, et son grand nez formait un demi-cercle. Quand je voulais seulement dire un mot, il m'interrompait brusquement et s'écriait :

« Ne parle pas, ça me trouble ! »

Enfin nous redescendîmes dans un vallon à gauche, et Gédéon, m'indiquant les pas de la Louve, au versant des bruyères :

« Ceci, vieux, dit-il, n'est pas une fausse sortie, nous pouvons la suivre en toute confiance.

— Pourquoi ?

— Parce que la Peste a l'habitude, dans toutes ses contre-marches, de faire trois pas de côté, puis de revenir sur ses brisées, d'en faire cinq ou six de l'autre, et de sauter brusquement dans une éclaircie... Mais, quand elle se croit bien couverte, elle débusque sans s'inquiéter des feintes... Tiens, que t'ai-je dit ?... Elle bourre maintenant sous les broussailles comme un sanglier... il ne sera pas difficile de suivre sa voie.... C'est égal, mettons-la toujours entre nous, et allumons une pipe. »

Nous fîmes halte, et le brave homme, dont la figure commençait à s'animer, me regardant avec enthousiasme, s'écria :

« Fritz, ceci peut être un des plus beaux jours de ma vie ! Si nous prenons la vieille, je veux la ficeler comme un paquet de guenilles sur la croupe de Fox. Une seule chose m'ennuie.

— Quoi ?

— C'est d'avoir oublié ma trompe... J'aurais voulu sonner la rentrée en approchant du Nideck. Ha ! ha ! ha ! »

Il alluma son tronçon de pipe, et nous repartîmes.

Les traces de la Louve gagnaient alors le haut des bois sur une pente tellement roide, qu'il nous fallut plusieurs fois mettre pied à terre et conduire nos chevaux par la bride.

« La voilà qui tourne à droite, me dit Sperver ; de ce côté-là les montagnes sont à pic ; l'un de nous sera peut-être forcé de tenir les chevaux en main, tandis que l'autre grimpera pour rabattre. C'est le diable ! on dirait que le jour baisse ! »

Le paysage acquérait alors une ampleur grandiose ; d'énormes roches grises, chargées de glaçons, élevaient de loin en loin leurs pointes anguleuses, comme des écueils au-dessus d'un océan de neige.

Rien de mélancolique comme le spectacle de l'hiver dans les hautes montagnes : les crêtes, les ravins, les arbres dépouillés, les bruyères scintillantes de givre, prennent à vos regards un caractère d'abandon et de tristesse indicible... Et le silence, — si profond que vous entendez une feuille glisser sur la neige durcie, une brindille se détacher de l'arbre, — le silence vous pèse, il vous donne l'idée incommensurable du néant !...

Que l'homme est peu de chose ! Deux hivers consécutifs... et la vie est balayée de la terre.

Par instants l'un de nous éprouvait le besoin d'élever la voix... c'était une parole insignifiante :

« Ah ! nous arriverons !... Quel froid de loup !... »

Ou bien :

« Hé ! Lieverlé... tu baisses l'oreille. »

Tout cela pour s'entendre soi-même, pour se dire :

« Oh ! je me porte bien... hum ! hum ! »

Malheureusement, Fox et Reppel commençaient à se fatiguer ; ils enfonçaient jusqu'au poitrail et ne hennissaient plus comme au départ.

Et puis les défilés inextricables du Schwartz-Wald se prolongent indéfiniment. La vieille aimait ces solitudes : ici elle avait fait le tour d'une hutte de charbonnier abandonnée, plus loin elle avait arraché des racines qui croissent sur les roches moussues... ailleurs elle s'était assise au pied d'un arbre, et cela récemment, il y avait tout au plus deux heures, car les traces étaient fraîches ; aussi notre espoir et notre ardeur s'en redoublaient... Mais le jour baissait à vue d'œil !

Chose étrange, depuis notre départ du Nideck, nous n'avions rencontré ni bûcherons, ni charbonniers, ni ségares... Dans cette saison, la solitude du Schwartz-Wald est aussi profonde que celle des steppes de l'Amérique du Nord.

A cinq heures, la nuit était venue ; Sperver fit halte, et me dit :

« Mon pauvre Fritz, nous sommes partis deux heures trop tard... La Louve a trop d'avance sur nous ! Avant dix minutes, il va faire noir sous les arbres comme dans un four... Ce qu'il y a de plus simple, c'est de gagner la Roche-Creuse, à vingt minutes d'ici, d'allumer un bon feu, de manger nos provisions et de vider notre peau de bouc. Dès que la lune se lèvera, nous reprendrons la piste, et si la vieille n'est pas le diable en personne, il y a dix à parier contre un, que nous la trouverons morte de froid, au pied d'un arbre, car il est impossible qu'une créature humaine puisse supporter de telles fatigues, par un temps comme celui-ci... Sébalt lui-même, qui est le premier marcheur du Schwartz-Wald, n'y résisterait pas!... Voyons, Fritz, qu'en penses-tu?

— Je pense qu'il faudrait être fou pour agir autrement... et d'abord je ne me sens plus de faim.

— Eh bien donc, en route! »

Il prit les devants et s'engagea dans une gorge étroite, entre deux lignes de rochers à pic. Les sapins croisaient leurs branches au-dessus de nos têtes... Sous nos pieds coulait un torrent presque à sec, et, de loin en loin, quelque rayon égaré dans ces profondeurs faisait miroiter le flot terne comme du plomb.

L'obscurité devint telle que je dus abandonner la bride de Reppel. Les pas de nos chevaux sur les cailloux glissants avaient des retentissements bizarres, comme des éclats de rire de Macaques... Les échos des rochers répétaient coup sur coup, et, dans le lointain, un point bleu semblait grandir à notre approche : — c'était l'issue de la gorge.

« Fritz, me dit Sperver, nous sommes ici dans le lit du torrent de la Tunkelbach. C'est le défilé le plus sauvage de tout le Schwartz-Wald ; il se termine par une sorte de cul-de-sac, qu'on appelle *la Marmite du Grand Gueulard*. Au printemps, à l'époque de la fonte des neiges, la Tunkelbach vomit là dedans toutes ses entrailles, d'une hauteur de deux cents pieds. C'est un tapage épouvantable. Les eaux jaillissent et retombent en pluie jusque sur les montagnes environnantes. Parfois même elles emplissent la grande caverne de la Roche-Creuse... mais à cette heure, elle doit être sèche comme une poire à poudre, et nous pourrons y faire un bon feu. »

Tout en écoutant Gédéon, je considérais ce sombre défilé, et je me disais que l'instinct des fauves, cherchant de tels repaires, loin du ciel, loin de tout ce qui égaie l'âme... que cet instinct tient du remords. En effet, les êtres qui vivent en plein soleil : la chèvre debout sur son rocher pointu, le cheval emporté dans la plaine, le chien qui s'ébat près de son maître, l'oiseau qui se baigne en pleine lumière... tous respirent la joie, le bonheur... ils saluent le jour de leurs danses et de leurs cris d'enthousiasme... Et le chevreuil qui brame à l'ombre des grands arbres, dans ses paquis verdoyants, a quelque chose de poétique comme l'asile qu'il préfère... le sanglier, quelque chose de brusque, de bourru, comme les halliers impénétrables où il s'enfonce... l'aigle, de fier, d'altier comme ses rochers à pic... le lion, de majestueux comme les voûtes grandioses de sa caverne... mais le loup, le renard, la fouine, recherchent les ténèbres... la peur les accompagne; cela ressemble au remords !

Je rêvais encore à ces choses, et je sentais déjà l'air vif me frapper au visage, — car nous approchions de l'issue de la gorge, — quand tout à coup un reflet rougeâtre passa sur la roche à cent pieds au-dessus de nous, empourprant le vert sombre des sapins, et faisant scintiller les guirlandes de givre.

« Ha! fit Sperver d'une voix étouffée, nous tenons la vieille! »

Mon cœur bondit; nous étions pressés l'un contre l'autre.

Le chien grondait sourdement.

« Est-ce qu'elle ne peut pas s'échapper? demandai-je tout bas.

— Non, elle est prise comme un rat dans une ratière... *la Marmite du Grand Gueulard* n'a pas d'autre issue que celle-ci, et, tout autour, les rochers ont deux cents pieds de haut... Ha! Ha! je te tiens, vieille scélérate! »

Il mit pied à terre dans l'eau glacée, me donnant la bride de son cheval à tenir... Un tremblement me saisit... J'entendis dans le silence le tic tac rapide d'une carabine qu'on arme. Ce petit bruit strident me passa par tous les nerfs.

« Sperver, que vas-tu faire?

— Ne crains rien... c'est pour l'effrayer.

— A la bonne heure! mais, pas de sang! rappelle-toi ce que je t'ai dit : « La balle qui frapperait la Peste, tuerait également le comte! »

— Sois tranquille. »

Il s'éloigna sans m'écouter davantage. J'entendis le clapotement de ses pieds dans l'eau, puis je vis sa haute taille debout à l'issue de la gorge, noire sur le fond bleuâtre. Il resta bien cinq minutes immobile. Moi, penché, attentif, je regardais, m'approchant tout doucement. Comme il se retournait, je n'étais plus qu'à trois pas.

« Chut! fit-il d'un air mystérieux... Regarde ! »

Au fond de l'anse, taillée à pic comme une carrière dans la montagne, je vis un beau feu dérouler ses spirales d'or à la voûte d'une caverne, et devant le feu un homme accroupi, qu'à son costume je reconnus pour le baron de Zimmer-Blouderic.

Il était immobile, le front dans les mains, et semblait réfléchir. Derrière lui, une forme noire gisait étendue sur le sol, et, plus loin, son cheval à demi perdu dans l'ombre nous regardait l'œil fixe, l'oreille droite, les naseaux tout grands ouverts.

Je restai stupéfait :

Comment le baron de Zimmer se trouvait-il à cette heure dans cette solitude?... Qu'y venait-il faire?... s'était-il égaré?...

Les suppositions les plus contradictoires se heurtaient dans mon esprit, et je ne savais à laquelle m'arrêter, quand le cheval du baron se prit à hennir.

A ce bruit, son maître releva la tête :

« Qu'as-tu donc, Donner ? » dit-il.

Puis, à son tour, il regarda dans notre direction, les yeux écarquillés.

Cette tête pâle aux arêtes saillantes, aux lèvres minces, aux grands sourcils noirs contractés, et creusant au milieu du front une longue ride perpendiculaire, m'aurait frappé d'admiration dans toute autre circonstance; mais alors un sentiment d'appréhension indéfinissable s'était emparé de mon âme, et j'étais plein d'inquiétude.

Tout à coup le jeune homme s'écria :

« Qui va là ?

— Moi, Monseigneur, répondit aussitôt Gédéon en s'avançant vers lui, moi... Sperver, le piqueur du comte de Nideck !... »

Un éclair traversa le regard du baron, mais pas un muscle de sa figure ne tressaillit. Il se leva, ramenant d'un geste sa pelisse sur ses épaules. J'attirai les chevaux et le chien, qui se mit subitement à hurler d'une façon lamentable.

Qui n'est sujet à des craintes superstitieuses? Aux plaintes de Lieverlé, j'eus peur, un frisson glacial me parcourut tout le corps.

Sperver et le baron se trouvaient à cinquante

pas l'un de l'autre : le premier, immobile au milieu de l'anse, la carabine sur l'épaule; le second, debout sur la plate-forme extérieure de la caverne, la tête haute, l'œil fier et nous dominant du regard.

« Que voulez-vous? dit le jeune homme d'un accent agressif.

— Nous cherchons une femme, répondit le vieux braconnier, une femme qui vient tous les ans rôder autour du Nideck, et nous avons l'ordre de l'arrêter!

— A-t-elle volé?

— Non.

— A-t-elle tué?

— Non, Monseigneur.

— Alors que lui voulez-vous? De quel droit la poursuivez-vous? »

Sperver se redressa et fixant ses yeux gris sur le baron :

« Et vous, de quel droit l'avez-vous prise? fit-il avec un sourire bizarre, car elle est là... je la vois au fond de la caverne... De quel droit mettez-vous la main dans nos affaires?... Ne savez-vous pas que nous sommes ici sur les terres du Nideck... et que nous avons droit de haute et basse justice? »

Le jeune homme pâlit, et d'un ton rude :

« Je n'ai pas de comptes à vous rendre, dit-il.

— Prenez garde, reprit Sperver, je viens avec des paroles de paix, de conciliation. J'agis au nom du seigneur Yéri-Hans, je suis dans mon droit, et vous me répondez mal.

— Votre droit?... fit le jeune homme avec un sourire amer. Ne parlez pas de votre droit... Vous me forceriez à vous dire le mien !...

— Eh bien ! dites-le ! s'écria le vieux braconnier, dont le grand nez se courbait de colère.

— Non, répondit le baron, je ne vous dirai rien, et vous n'entrerez pas !

— C'est ce que nous allons voir ! » fit Sperver en avançant vers la caverne.

Le jeune homme tira son couteau de chasse... Alors, moi, voyant cela, je voulus m'élancer entre eux. Malheureusement, le chien que je tenais en laisse m'échappa d'une secousse et m'étendit à terre. Je crus le baron perdu ; mais, au même instant, un cri sauvage partit du fond de la caverne, et, comme je me relevais, j'aperçus la vieille debout devant la flamme, les vêtements en lambeaux, la tête rejetée en arrière, les cheveux flottants sur les épaules ; elle levait au ciel ses longs bras maigres et poussait des hurlements lugubres, comme la plainte du loup par les froides nuits d'hiver, quand la faim lui tord les entrailles.

Je n'ai rien vu de ma vie d'aussi épouvantable... Sperver, immobile, l'œil fixe, la bouche entr'ouverte, semblait pétrifié. Le chien lui-même, à cette apparition inattendue, s'était arrêté quelques secondes... mais courbant tout à coup son échine hérissée de colère, il reprit sa course avec un grondement d'impatience qui me fit frémir. La plate-forme de la caverne se trouvait à huit ou dix pieds du sol, sans cela il l'eût atteinte du premier bond. Je l'entends encore franchir les broussailles couvertes de givre... Je vois le baron se jeter devant la vieille, en criant d'une voix déchirante :

« Ma mère !... »

Puis le chien reprendre un dernier élan, et Sperver, rapide comme l'éclair, le mettre en joue et le foudroyer aux pieds du jeune homme.

Cela s'était passé dans une seconde. Le gouffre s'était illuminé, et les échos lointains se renvoyaient l'explosion dans leurs profondeurs infinies. Le silence parut ensuite grandir, comme les ténèbres après l'éclair.

Quand la fumée de la poudre se fut dissipée, j'aperçus Lieverlé gisant à la base du roc... et la vieille évanouie dans les bras du jeune homme. Sperver, pâle, regardant le baron d'un œil sombre, laissait tomber la crosse de sa carabine à terre, la face contractée et les yeux à demi fermés d'indignation.

« Seigneur de Blouderic, dit-il, la main étendue vers la caverne, je viens de tuer mon meilleur ami, pour sauver cette femme... votre mère!... Rendez grâces au ciel que sa destinée soit liée à celle du comte... Emmenez-la!... Emmenez-la!... et qu'elle ne revienne plus... car je ne répondrais pas du vieux Sperver!...»

Puis, jetant un coup d'œil sur le chien :

« Mon pauvre Lieverlé!... s'écria-t-il d'une voix déchirante. Ah! voilà donc ce qui m'attendait ici... Viens, Fritz... partons... sauvons-nous... Je serais capable de faire un malheur!... »

Et saisissant Fox par la crinière, il voulut se mettre en selle; mais, tout à coup le cœur lui creva, et laissant tomber sa tête sur l'épaule de son cheval, il se prit à sangloter comme un enfant.

XIII

Sperver venait de partir, emportant Lieverlé dans son manteau. J'avais refusé de le suivre... mon devoir, à moi, me retenait près de la vieille... Je ne pouvais abandonner cette malheureuse sans manquer à ma conscience.

D'ailleurs, il faut bien le dire, j'étais curieux de voir de près cet être bizarre; aussi le piqueur avait à peine disparu dans les ténèbres du défilé, que je gravissais déjà le sentier de la caverne.

Là m'attendait un spectacle étrange.

Sur un grand manteau de fourrure rousse doublé de vert, était étendue la vieille dans sa longue robe pourpre, les mains crispées sur sa poitrine... une flèche d'or dans ses cheveux gris.

Je vivrais mille ans que l'image de cette femme ne s'effacerait pas de mon esprit; cette tête de vautour agitée par les derniers tressaillements de la vie... l'œil fixe et la bouche entr'ouverte... était formidable à voir... Telle devait être à sa dernière heure la terrible reine Frédégonde.

Le baron, à genoux près d'elle, essayait de la ranimer, mais au premier coup d'œil, je vis que la malheureuse était perdue, et ce n'est pas sans un sentiment de pitié profonde, que je me baissai pour lui prendre le bras.

— Ne touchez pas à madame ! s'écria le jeune homme d'un accent irrité ; je vous le défends !

— Je suis médecin, Monseigneur. »

Il m'observa quelques secondes en silence, puis se relevant :

« Pardonnez-moi, Monsieur, dit-il à voix basse... Pardonnez-moi ! »

Il était devenu tout pâle... ses lèvres tremblaient.

Au bout d'un instant, il reprit :

« Que pensez-vous ?

— C'est fini... Elle est morte ! »

Alors, sans répondre un mot, il s'assit sur une large pierre, le front dans sa main, le coude sur le genou, l'œil fixe, comme anéanti.

Moi je m'accroupis près du feu, regardant la flamme grimper à la voûte de la caverne et projeter des lueurs de cuivre rouge sur la face rigide de la vieille.

Nous étions là depuis une heure, immobiles comme deux statues, quand relevant tout à coup la tête, le baron me dit :

« Monsieur, tout ceci me confond!... Voici ma mère... depuis vingt-six ans je croyais la connaître... et voilà que tout un monde de mystères et d'horreur s'ouvre devant mes yeux... — Vous êtes médecin... avez-vous jamais rien vu d'aussi épouvantable?

— Monseigneur, lui répondis-je, le comte de Nideck est atteint d'une maladie qui offre un singulier caractère de ressemblance avec celle de madame votre mère... Si vous avez assez de confiance en moi pour me communiquer les faits dont vous avez dû être témoin, je vous confierai volontiers ceux qui sont à ma connaissance, car cet échange pourrait peut-être m'offrir un moyen de sauver mon malade.

— Volontiers, Monsieur, » fit-il.

Et sans autre transition il me raconta que la baronne de Blouderic, appartenant à l'une des plus grandes familles de la Saxe, faisait chaque année, vers l'automne, un voyage en Italie, accompagnée d'un vieux serviteur qui possédait seul toute sa confiance... Que cet homme, étant sur le point de mourir, avait désiré voir en particulier le fils de son ancien maître, et qu'à cette heure suprême, tourmenté sans doute par quelques remords, il avait dit au jeune homme que le voyage de sa mère en Italie n'était qu'un prétexte pour se livrer à des excursions dans le Schwartz-Wald, dont lui-même ne connaissait pas le but, mais qui devaient avoir quelque chose d'épouvantable... car la baronne en revenait exténuée, déguenillée, presque mourante, et qu'il lui fallait plusieurs semaines de repos, pour se remettre des fatigues horribles de ces quelques jours. — Voilà ce que le vieux domestique avait raconté simplement au jeune baron, croyant accomplir en cela son devoir. — Le fils, voulant à tout prix savoir à quoi s'en tenir, avait vérifié l'année même ce fait incompréhensible en suivant sa mère d'abord jusqu'à Baden. — Il l'avait vue ensuite s'enfoncer dans les gorges du Schwartz-Wald et l'avait suivie pour ainsi dire pas à pas... Ces traces que Sébalt avait remarquées dans la montagne... c'étaient les siennes.

Quand le baron m'eut fait cette confidence,

je ne crus pas devoir lui cacher l'influence bizarre que l'apparition de la vieille exerçait sur l'état de santé du comte, ni les autres circonstances de ce drame.

Nous demeurâmes tous deux confondus de la coïncidence de ces faits, de l'attraction mystérieuse que ces êtres exerçaient l'un sur l'autre sans se connaître, de l'action tragique qu'ils représentaient à leur insu, de la connaissance que la vieille avait du château, de ses issues les plus secrètes, sans l'avoir jamais vu précédemment, du costume qu'elle avait découvert pour cette représentation, et qui ne pouvait avoir été pris qu'au fond de quelque retraite mystérieuse, que la lucidité magnétique seule lui avait révélée... Enfin, nous demeurâmes d'accord que tout est épouvantement dans notre existence, et que le mystère de la mort est peut-être le moindre des secrets que Dieu se réserve, quoiqu'il nous paraisse le plus important.

Cependant, la nuit commençait à pâlir... Au loin... bien loin... une chouette sonnait la retraite des ténèbres, de cette voix étrange qui semble sortir d'un goulot de bouteille... — Bientôt se fit entendre un hennissement dans les profondeurs du défilé... puis, aux premières lueurs du jour, nous vîmes apparaître un traîneau conduit par le domestique du baron... — Il était couvert de paille et de literies... — On y chargea la vieille.

Moi, je remontai sur mon cheval, qui ne paraissait pas fâché de se dégourdir les jambes, étant resté la moitié de la nuit les pieds sur la glace. — J'accompagnai le traîneau jusqu'à la sortie du défilé, et nous étant salués gravement, comme cela se pratique entre seigneurs et bourgeois, ils prirent à gauche vers Hirschland, et moi je me dirigeai vers les tours du Nideck.

A neuf heures, j'étais en présence de mademoiselle Odile et je l'instruisais des événements qui venaient de s'accomplir.

M'étant rendu ensuite près du comte, je le trouvai dans un état fort satisfaisant. — Il éprouvait une grande faiblesse, bien naturelle après les crises terribles qu'il venait de traverser, mais il avait repris possession de lui-même et la fièvre avait complétement disparu depuis la veille au soir.

Tout marchait vers une guérison prochaine.

Quelques jours plus tard, voyant le vieux

seigneur en pleine convalescence, je voulus retourner à Tubingue, mais il me pria si instamment de fixer mon séjour au Nideck et me fit des conditions tellement honnêtes à tous égards, qu'il me fut impossible de me refuser à son désir.

Je me souviendrai longtemps de la première chasse au sanglier que j'eus l'honneur de faire avec le comte, et surtout de la magnifique rentrée aux flambeaux, après avoir battu les neiges du Schwartz-Wald douze heures de suite sans quitter l'étrier... — Je venais de souper et je montais à la tour de Hugues brisé de fatigue, quand passant devant la chambre de Sperver, dont la porte se trouvait entr'ouverte, des cris joyeux frappèrent mes oreilles... Je m'arrêtai, et le plus agréable spectacle s'offrit à mes regards :

Autour de la table en chêne massif, se pressaient vingt figures épanouies. Deux lampes de fer, suspendues à la voûte, éclairaient toutes ces faces larges, carrées, bien portantes.

Les verres s'entrechoquaient!...

Là, se trouvait Sperver avec son front osseux, ses moustaches humides, ses yeux étincelants et sa chevelure grise ébouriffée; il avait à sa droite Marie Lagoutte, à sa gauche Knapwurst... une teinte rose colorait ses joues brunies au grand air, il levait l'antique hanap d'argent ciselé, noirci par les siècles, et sur sa poitrine brillait la plaque du baudrier, car, selon son habitude, il portait le costume de chasse.

C'était une belle figure simple et joyeuse.

Les joues de Marie Lagoutte avaient de petites flammes rouges, et son grand bonnet de tulle semblait prendre la volée; elle riait, tantôt avec l'un, tantôt avec l'autre.

Quant à Knapwurst, accroupi dans son fauteuil, la tête à la hauteur du coude de Sperver, vous eussiez dit une gourde énorme. Puis venait Tobie Offenloch, comme barbouillé de lie de vin, tant il était rouge; sa perruque au bâton de sa chaise, sa jambe de bois en affût sous la table. Et, plus loin, la longue figure mélancolique de Sébalt, qui riait tout bas en regardant au fond de son verre.

Il y avait aussi les gens de service, les domestiques et les servantes; enfin tout ce petit monde qui vit et prospère autour des grandes familles, comme la mousse, le lierre et le volubilis au pied du chêne.

Les yeux étaient voilés de douces larmes : la vigne du Seigneur pleurait d'attendrissement !

Sur la table, un énorme jambon, à cercles pourpres concentriques, attirait d'abord les regards... Puis venaient les longues bouteilles de vin du Rhin, éparses au milieu des plats fleuronnés, des pipes d'Ulm à chaînette d'argent et des grands couteaux à lame luisante.

La lumière de la lampe répandait sur tout cela sa belle teinte couleur d'ambre, et laissait dans l'ombre les vieilles murailles grises, où se roulaient en cercles d'or les trompes, les cors et les cornets de chasse du piqueur.

Rien de plus original que ce tableau.

La voûte chantait.

Sperver, comme je l'ai dit, levait le hanap; il entonnait l'air du burgrave Hatto-le-Noir :

« Je suis le roi de ces montagnes ! »

tandis que la rosée vermeille du rudesheim tremblotait à chaque poil de ses moustaches. A mon aspect, il s'interrompit, et me tendant la main :

« Fritz, dit-il, tu nous manquais... Il y a longtemps que je ne me suis senti aussi heureux que ce soir... Sois le bienvenu ! »

Comme je le regardais avec étonnement, car depuis la mort de Lieverlé je ne me rappelais pas l'avoir vu sourire, il ajouta d'un air grave :

« Nous célébrons le rétablissement de Monseigneur..., et Knapwurst nous raconte des histoires ! »

Tout le monde s'était retourné.

Les plus joyeuses acclamations me saluèrent.

Je fus entraîné par Sébalt, installé près de Marie Lagoutte, et mis en possession d'un grand verre de Bohême, avant d'être revenu de mon ébahissement.

La vieille salle bourdonnait d'éclats de rire, et Sperver, m'entourant le cou de son bras gauche, la coupe haute, la figure sévère comme tout brave cœur qui a un peu trop bu, s'écriait :

« Voilà mon fils !... Lui et moi... moi et lui... jusqu'à la mort !... A la santé du docteur Fritz !... »

Knapwurst, debout sur la traverse de son fauteuil, comme une rave fendue en deux, se penchait vers moi et me tendait son verre... Marie Lagoutte faisait voler les grandes ailes de son bavolet... et Sébalt, droit devant sa chaise, grand et maigre comme l'ombre du Wildjaëger debout dans les hautes bruyères, répétait : « A la santé du docteur Fritz! » pendant que des flocons de mousse ruisselaient de sa coupe, et s'éparpillaient sur les dalles.

Il y eut un moment de silence... Tout le monde buvait... Puis un seul choc : tous les verres touchaient la table à la fois.

« Bravo! » s'écria Sperver.

Puis se tournant vers moi :

« Fritz, dit-il, nous avons déjà porté la santé du comte, et celle de mademoiselle Odile... Tu vas en faire autant! »

Il me fallut par deux fois vider le hanap, sous les yeux de la salle attentive. Alors, je devins grave à mon tour, et je trouvai tous les objets lumineux ; les figures sortaient de l'ombre pour me regarder de plus près : il y en avait de jeunes et de vieilles, de belles et de laides; mais toutes me parurent bonnes, bienveillantes et tendres. Les plus jeunes pourtant, mes yeux les attiraient du bout de la salle, et nous échangions ensemble de longs regards pleins de sympathie.

Sperver fredonnait et riait toujours. Tout à coup, posant la main sur la bosse du nain :

« Silence ! dit-il, voici Knapwurst, notre archiviste, qui va parler !... Cette bosse, voyez-vous, c'est l'écho de l'antique manoir du Nideck ! »

Le petit bossu, bien loin de se fâcher d'un tel compliment, regarda le piqueur avec attendrissement et dit :

« Et toi, Sperver, tu es un de ces vieux reiters dont je vous ai raconté l'histoire !... Oui, tu as le bras, la moustache et le cœur d'un vieux reiter ! Si cette fenêtre s'ouvrait et que l'un d'eux, allongeant le bras du milieu des ombres, te tendît la main... que dirais-tu ?

— Je lui serrerais la main et je lui dirais : « Camarade, viens t'asseoir avec nous. Le vin est aussi bon et les filles aussi jolies que du temps de Hugues... Regarde ! »

Et Sperver montrait la brillante jeunesse qui riait autour de la table.

Elles étaient bien jolies, les filles du Nideck : les unes rougisssient de joie, d'autres levaient lentement leurs cils blonds voilant un regard d'azur, et je m'étonnais de n'avoir pas encore remarqué ces roses blanches, épanouies sur les tourelles du vieux manoir.

« Silence !... s'écria Sperver pour la seconde

fois. Notre ami Knapwurst va nous répéter la légende qu'il nous racontait tout à l'heure.

— Pourquoi pas une autre? dit le bossu.

— Celle-là me plaît!

— J'en sais de plus belles.

— Knapwurst! fit le piqueur, en levant le doigt d'un air grave, j'ai des raisons pour entendre la même; fais-la courte si tu veux. Elle dit bien des choses. Et toi, Fritz, écoute! »

Le nain, à moitié gris, posa ses deux coudes sur la table, et les joues relevées sur les poings, les yeux à fleur de tête, il s'écria d'une voix perçante :

« Eh bien donc! Bernard Hertzog rapporte
« que le burgrave Hugues, surnommé le Loup,
« étant devenu vieux, se couvrit du chaperon:
« c'était un bonnet de mailles, qui emboîtait
« tout le heaume quand le chevalier combat-
« tait. Quand il voulait prendre l'air, il ôtait
« son casque, et se couvrait du bonnet. Alors,
« les lambrequins retombaient sur ses épaules.

« Jusqu'à quatre-vingt-deux ans, Hugues
« n'avait pas quitté son armure, mais, à cet
« âge, il respirait avec peine.

« Il fit venir Otto de Burlach, son chapelain;
« Hugues, son fils aîné; son second fils Bar-
« thold, et sa fille, *Berthe-la-Rousse, femme d'un*
« *chef saxon nommé Blouderic*, et leur dit :

— « Votre mère la Louve, m'a prêté sa
« griffe... son sang s'est mêlé au mien..... Il
« va renaître par vous de siècle en siècle, et
« pleurer dans les neiges du Schwartz-Wald !
« Les uns diront : c'est la bise qui pleure ! Les
« autres : c'est la chouette !... Mais ce sera
« votre sang, le mien, le sang de la Louve, qui
« m'a fait étrangler Edwige, ma première
« femme devant Dieu et la sainte Église...
« Oui... elle est morte par mes mains... Que la
« Louve soit maudite ! car il est écrit : « JE
« POURSUIVRAI LE CRIME DU PÈRE DANS SES
« DESCENDANTS, JUSQU'A CE QUE JUSTICE SOIT
« FAITE ! » —

« Et le vieux Hugues mourut.
« Or, depuis ce temps-là, la bise pleure,
« la chouette crie, et les voyageurs errant la
« nuit ne savent pas que c'est le sang de la
« Louve qui pleure... lequel renaît, dit Hert-
« zog, et renaîtra de siècle en siècle, jusqu'au
« jour où la première femme de Hugues, Ed-
« wige-la-Blonde, apparaîtra sous la forme

« d'un ange au Nideck, pour consoler et par-
« donner !... »

Sperver, se levant alors, détacha l'une des lampes de la torchère, et demanda les clefs de la bibliothèque à Knapwurst stupéfait.

Il me fit signe de le suivre.

Nous traversâmes rapidement la grande galerie sombre, puis la halle d'armes, et bientôt la salle des archives apparut au bout de l'immense corridor.

Tous les bruits avaient cessé : on eût dit un château désert.

Parfois, je tournais la tête, et je voyais alors nos deux ombres se prolongeant à l'infini, glisser comme des fantômes sur les hautes tentures, et se tordre en contorsions bizarres...

J'étais ému, j'avais peur !

Sperver ouvrit brusquement la vieille porte de chêne, et, la torche haute, les cheveux ébouriffés, la face pâle, il entra le premier. Arrivé devant le portrait d'Edwige, dont la ressemblance avec la jeune comtesse m'avait frappé lors de notre première visite à la bibliothèque, il s'arrêta et me dit d'un air solennel :

« Voici celle qui doit revenir pour consoler et pardonner!... Eh bien! elle est revenue!... Dans ce moment, elle est en bas, près du vieux... Regarde, Fritz, la reconnais-tu?... c'est Odile!... »

Puis, se tournant vers le portrait de la seconde femme de Hugues :

« Quant à celle-là, reprit-il, c'est Huldine-la-Louve... Pendant mille ans, elle a pleuré dans les gorges du Schwartz-Wald... et c'est elle qui est cause de la mort de mon pauvre Lieverlé... mais désormais les comtes du Nideck peuvent dormir tranquilles, *car justice est faite... et le bon ange de la famille est de retour!* »

POURQUOI

HUNEBOURG NE FUT PAS RENDU

I

Le fort de Hunebourg, taillé dans le roc à la cime d'un pic escarpé, domine toute cette branche secondaire des Vosges qui sépare la Meurthe, la Moselle et la Bavière rhénane du bassin d'Alsace.

En 1815, le commandement de Hunebourg appartenait à Jean-Pierre Noël, ex-sergent-major aux fusiliers de la garde, amputé de la jambe gauche à Bautzen et décoré sur le champ de bataille.

Ce digne commandant était un homme de cinq pieds deux pouces, très-large des épaules et très-court sur jambes. Il avait une jolie petite bedaine, de bonnes grosses lèvres sensuelles, de grands yeux gris pleins d'énergie, de larges sourcils touffus, et le nez le plus magnifiquement fleuronné de toute la chaîne des Vosges. Un chapeau à claque, l'habit d'ordonnance à longues basques, la culotte bleue, le gilet écarlate, les souliers à boucles d'argent, composaient sa tenue invariable.

Au moral, le commandant Noël aimait à rire. Il aimait aussi le bourgogne « pelure d'oignon, » le filet de chevreuil, le coq de bruyères truffé, le jambon de Mayence, les carpes du Rhin, et généralement toutes les excellentes choses que le Seigneur a faites pour ses enfants. Quant au champagne frappé, l'honnête Jean-Pierre n'en parlait qu'avec le plus grand respect; mais la vérité me force à dire que le bordeaux partageait, — avec les andouilles cuites dans leur jus, — ses plus chères sympathies.

Ce digne commandant avait sous ses ordres une compagnie de vétérans, la plupart secs et maigres comme des râbles, portant de longues capotes grises et prisant du tabac de contrebande. On les voyait errer sur les remparts, regarder dans l'abîme, se dessécher au soleil; l'aspect du ciel bleu, de l'horizon bleu, ainsi que l'eau claire de la citerne, avaient imprimé sur leurs fronts le sceau d'une incurable mélancolie.

Il y avait aussi deux sous-officiers envoyés à Hunebourg pour se reposer de leurs fatigues; l'un s'appelait Cousin, l'autre Fargès; c'étaient deux jeunes gens de bonne famille... Une vocation irrésistible les avait entraînés vers la carrière des armes, et la gloire s'était naturellement fait un plaisir de les couvrir de lauriers. Malheureusement, elle les avait aussi couverts de blessures, et c'est à cette particularité qu'ils devaient l'honneur de servir sous les ordres de Jean-Pierre.

Du reste, ces deux jeunes héros supportaient bravement les injustices de la fortune : ils jouaient aux cartes, fumaient des pipes, et se racontaient leurs campagnes en buvant des petits verres.

Telle était l'existence pleine de variété des habitants de Hunebourg, lorsque le 26 juin 1815, vers quatre heures de l'après-midi, le commandant Jean-Pierre donna tout à coup l'ordre de battre le rappel et de faire mettre la compagnie sous les armes. Il descendit ensuite dans la cour de la caserne, son grand chapeau à claque sur l'oreille, ses longues moustaches retroussées et la main droite dans son gilet.

« Mes enfants, s'écria-t-il en s'arrêtant devant le front des troupes, vous êtes dans le chemin de l'honneur et de la gloire. Allez toujours, et vous arriverez, c'est moi qui vous le prédis! Je reçois à l'instant du général Rapp, commandant le cinquième corps, une dépêche qui m'informe que soixante mille Russes, Autrichiens, Bavarois et Wurtembergeois, sous les ordres du généralissime prince de Schwartzemberg, viennent de franchir le Rhin à Oppenheim. Le haut Palatinat est envahi... L'ennemi n'est plus qu'à trois journées de marche... Il paraît même que les cosaques ont déjà poussé des reconnaissances jusque dans nos montagnes : — Nous allons nous regarder dans le blanc des yeux !...

« Mes enfants, je compte sur vous, comme vous comptez sur moi... Nous ferons sauter la boutique plutôt que de nous rendre, cela va sans dire; mais en attendant il s'agit d'approvisionner la place... Pas de rations, pas de soldats...

les moyens d'existence avant tout... c'est mon principe ! Sergent Fargès, vous allez vous rendre, avec trente hommes, dans tous les hameaux et villages des environs, à trois lieues du fort... à Hazebrück, Wechenbach, Rosenheim, etc... Vous ferez main basse sur le bétail, sur les comestibles, sur toutes les substances liquides ou solides, capables de soutenir le moral de la garnison. Vous mettrez en réquisition toutes les charrettes pour le transport des vivres, ainsi que les chevaux, les ânes, les bœufs. Si nous ne pouvons pas les nourrir, ils nous nourriront ! — Dès que le convoi sera formé, vous regagnerez la place, en suivant autant que possible les hauteurs. Vous chasserez devant vous le bétail avec ordre et discipline, ayant toujours bien soin qu'aucune bête ne s'écarte... ce serait autant de perdu. Si par hasard un tourbillon de cosaques cherche à vous envelopper, vous ne lâcherez pas prise... au contraire... une partie de l'escorte leur fera face, et l'autre poussera le troupeau sous les canons du fort. De cette manière, ceux d'entre vous qui seront tués, auront la consolation de penser que les autres se portent bien, et qu'ils conservent des vivres pour soutenir le siège.

On admirera leur conduite de siècle en siècle, et la postérité dira d'eux : « Jacques, André, Joseph, étaient des braves !... »

Des cris frénétiques de : « Vive l'empereur ! vive le commandant ! » accueillirent cette harangue. — Le tambour battit ; Fargès tira majestueusement son briquet, fit ranger sa petite troupe en colonne et commanda le départ.

Les vétérans, pleins d'ardeur, partirent du pied gauche, et Jean-Pierre Noël, les bras croisés sur la poitrine et la jambe de bois en avant, les suivit du regard jusqu'à ce qu'ils eussent disparu derrière l'esplanade.

II

La petite troupe de Fargès s'avançait à travers les immenses forêts de Homberg, le mousquet sur l'épaule, l'œil au guet, l'oreille au vent, comme il convient à de braves militaires, qui ne se soucient pas de laisser leur peau sous le bec crochu des chouettes. Tous étaient animés du plus vif enthousiasme ; d'abord, parce qu'il est toujours agréable de faire ses provisions chez les autres, d'ouvrir les armoires, de décrocher les jambons, de tordre le cou aux volailles, de mettre les tonneaux en perce, d'explorer la cave, le grenier, la cuisine. Quel que soit votre tempérament, sanguin, nerveux ou même lymphatique, ces choses-là font toujours plaisir... Et puis les Français aiment la guerre : rien que l'espoir d'une bataille leur fouette le sang ; ils chantent, ils sifflent, ils se sentent tout joyeux. Nos gaillards couraient donc comme des lièvres, la giberne au dos, la brette sur la hanche. C'était plaisir de les voir s'enfoncer sous les longues avenues de chênes et de hêtres... se perdre dans les ombres... paraître et disparaître au fond des ravins... s'accrocher aux broussailles... et gravir les rochers avec une dextérité merveilleuse.

Fargès marchait à l'arrière-garde de sa colonne, en compagnie du caporal Lombard. Figurez-vous un gaillard de cinquante ans, coiffé d'un immense chapeau à cornes et vêtu d'une grande capote grise. Sa taille large et carrée promettait une vigueur extraordinaire ; ses traits fortement accusés, ses favoris roux, le froncement continuel de ses sourcils lui donnaient un air dur et farouche. Une longue cicatrice sillonnait sa joue gauche et fendait sa lèvre supérieure, laissant à découvert deux belles dents canines, qui se faisaient jour à travers d'épaisses moustaches, et ne ressemblaient pas mal aux défenses d'un vieux sanglier. Pour comble d'agrément, ce personnage fumait un tronçon de pipe, et des bouffées de tabac s'échappaient par toutes les crevasses de sa joue, depuis l'oreille jusqu'aux lèvres : Benoît Lombard avait vingt-neuf ans de service, trente-deux campagnes et dix-huit blessures... Aussi, grâce à sa bravoure et au concours heureux des circonstances, il avait obtenu le grade de caporal.

« Eh bien ! Lombard, dit tout à coup Fargès en allongeant le pas, que pensez-vous de notre expédition? Croyez-vous qu'elle réussisse?

— Je pense, répondit le caporal avec un sourire qui déchaussa complétement un côté de sa mâchoire, je pense que si ces gueux de paysans se doutaient de ce qui leur pend à l'œil, ils auraient bientôt évacué leur bétail... Alors, bonsoir la compagnie... Je connais ça, sergent... En Espagne, il n'y avait qu'un moyen de les attraper...

— Quel moyen, Lombard?

— Nous les attendions dans leurs villages... entre quatre murs... ils venaient quelquefois la nuit pour faire cuire le pain... car, voyez-vous, sergent... il faut un four pour cuire du pain... Alors nous leur mettions la main sur la nuque, et nous les confessions... tout doucement... vous comprenez...

— Oui, caporal, mais nous ne sommes pas en pays ennemi...

— Voilà justement pourquoi il faut tomber dessus comme une bombe... Il faut les surprendre agréablement... empoigner tout... sans leur faire de mal... mais c'est difficile, sergent, c'est difficile...

— Comment ça, Lombard?

— D'abord, le paysan est malin; il tient à garder ce qu'il a, sans s'inquiéter de l'honneur de la patrie... Ensuite, depuis 1814, il se défie de nous...

— Vous croyez? dit Fargès d'un air de doute.

— Sergent, prenez garde à ce que je vous dis... Les paysans ne sont pas bêtes! Ils se rappellent que l'année dernière, nous avons fait un tour dans les villages, pour approvisionner les places, et je suis sûr qu'en apprenant l'invasion, la première chose qu'ils vont faire, ce sera d'aller cacher leurs bestiaux dans les forêts. »

Tout en causant de la sorte, ils gravissaient les pentes boisées du Homberg. Il était alors environ huit heures, le jour baissait à vue d'œil, et les hautes grives, perchées sur le bouton des sapins, s'appelaient l'une l'autre, avant de plonger dans l'épaisseur des bois.

Lorsque la tête de colonne déboucha sur le plateau du Rothfels, tout couvert de buissons et de sapinettes impénétrables, la nuit était tellement noire, qu'on pouvait à peine distinguer le sentier. Fargès ordonna de faire halte.

« Je ne vois pas d'inconvénient, dit-il, à ce que chacun fume sa pipe et se livre à ses opinions individuelles... mais sous les autres rapports : motus! Il s'agit de nous remettre en route quand la lune se lèvera. »

Après cette improvisation, deux sentinelles furent placées, l'une du côté de la gorge, l'autre sur le versant de la montagne dominant une longue file de rochers à pic.

Les vétérans, exténués de fatigue, s'étendirent voluptueusement sur la mousse, au milieu des genêts en fleur, tandis que Fargès et Lombard, gravement assis au pied d'un arbre et le fusil entre les jambes, discutaient leur plan d'attaque.

III

Or, la lune commençait à poindre derrière les sapins de l'Oxenleier, et Fargès songeait à donner le signal du départ, lorsqu'une clameur confuse monta subitement des profondeurs de la vallée. Le sergent se leva tout surpris et regarda Lombard; celui-ci, rapide comme la pensée, mit un genou en terre et colla son oreille contre le pied d'un arbre. A le voir, immobile au milieu des ténèbres, retenant son haleine pour saisir le moindre murmure, on eût dit un vieux loup à l'affût.

Cependant nul autre bruit que le vague frémissement du feuillage ne se faisant entendre, il allait se relever, quand un souffle de la brise apporta de nouveau du fond de la gorge le tumulte qu'ils avaient perçu d'abord, mais cette fois beaucoup plus distinct. C'était le roulement confus que produit la marche d'un troupeau, accompagné des sons champêtres d'une trompe d'écorce.

Le caporal se releva lentement... un éclat de rire étouffé fendait sa bouche jusqu'aux oreilles, et ses yeux scintillaient dans l'ombre :

« Nous les tenons! dit-il... hé! hé! hé! nous les tenons!

— Qui ça?

— Les paysans, morbleu!... ils arrivent... »

Puis, sans autre commentaire, il se glissa presque à quatre pattes entre les broussailles. On vit les vétérans se dresser un à un, saisir leurs fusils et disparaître derrière les sapins. Les sentinelles imitèrent ce mouvement, et rien ne bougea plus dans le fourré.

La petite troupe se tenait cachée depuis un quart d'heure, lorsque trois montagnards parurent au fond des pâles clairières. Ils gravissaient le ravin à pas lents. Quand ils eurent atteint la roche plate, ils s'arrêtèrent pour respirer et reprendre la suite d'une conversation interrompue.

Lombard put alors les examiner à son aise. Le premier était grand et maigre ; il avait une capote de ratine noire usée jusqu'à la corde, de longues jambes sèches comme des fuseaux, un immense parapluie sous le bras gauche, des souliers ronds à boucles de cuivre, un tricorne pittoresque posé sur l'occiput, et le profil d'un veau qui tette : le caporal jugea que ce devait être quelque maire du voisinage.

Le second, également coiffé d'un tricorne, faisait face à Lombard, et la lune éclairait en plein sa figure fine et astucieuse : son nez pointu, ses yeux petits et vifs, ses lèvres sarcastiques et tout l'ensemble de sa personne, annonçaient quelque diplomate de village que des circonstances malheureuses avaient empêché d'atteindre au faîte de la gloire ; il portait un grand habit de peluche verte à larges manches retroussées jusqu'aux coudes, et taillé sur le patron du dernier siècle ; ses cheveux d'un roux ardent tombaient jusque sur ses épaules, et formaient un gros bourrelet tout autour de sa nuque ; il affectait un air doctoral, mais ses gestes rapides déroutaient à chaque minute ses prétentions à la gravité.

Le troisième était tout bonnement un pâtre de la montagne, vêtu de la roulière bleue, du pantalon de toile grise et coiffé du bonnet de coton lorrain; il tenait d'une main sa trompe d'écorce, et de l'autre un énorme bâton ferré.

« Monsieur le maire, dit le petit homme roux au grand maigre, vous avez tort de vous chagriner... Il vaut mieux tenir que courir... Nos bestiaux sont bien à nous, je pense; nous les avons achetés et payés.

— Ça, c'est sûr, Daniel, c'est sûr... à beaux deniers comptants... mais que veux-tu, mon garçon, c'est si agréable de s'entendre appeler « monsieur le maire, » gros comme le bras... de se voir tirer le chapeau jusqu'aux souliers... Voilà tantôt six ans que Pétrus Schmitt *reluque* ma place et...

— Eh bien!... eh bien!... votre place, elle est à vous, il ne l'aura pas, votre place.

— Ça dépend, Daniel, il pourra dire que j'ai emmené les bestiaux du village pour empêcher la garnison d'avoir des vivres... et pour la faire périr de famine...

— Ah bah! vous n'y êtes pas... Écoutez, monsieur le maire... Si le roi, — ici le petit homme souleva son chapeau d'un geste respectueux, — si notre bon roi revient, vous direz : « J'ai sauvé les bestiaux du village, pour que la garnison ne puisse pas les avoir... et qu'elle rende la place aux armées de notre bon roi Louis !... » Alors, monsieur le préfet dira : « Oh ! le brave homme... le brave homme... qui aime l'honneur de son vrai maître ! » On vous enverra la croix... voilà... c'est sûr !

— La croix, Daniel ?... la croix avec la pension ?

— Je crois bien... avec la pension...

— Oui... mais,—balbutia le maire,—si... si l'autre enfonce notre bon roi... notre vrai roi... notre...

— Halte ! halte-là... monsieur le maire, il sera roi pour de vrai, s'il est le plus fort... mais si notre grand empereur enfonce les ennemis de la patrie... Eh bien, vous direz : « J'ai sauvé les bestiaux du village, pour que les kaiserlicks... les Cosaques ne puissent pas les avoir !... » Alors le préfet du grand empereur, — nouveau salut, — dira : « Oh ! le bon maire... l'honnête citoyen... il faut lui envoyer la croix ! » Et ça fait que vous aurez toujours la croix, et que nous garderons nos bestiaux. »

Lombard se rongeait les moustaches ; il eut grand'peine à ne pas lancer un coup de baïonnette au diplomate, mais la certitude de ne rien perdre pour attendre lui fit maîtriser sa colère.

« Tu as raison, Daniel... je vois que tu as raison, reprit le grand maigre d'un air convaincu... Pourquoi est-ce que je n'attraperais pas la croix tout comme un autre... puisque je sauve les bestiaux de la commune.

— Pardieu, monsieur le maire, il y en a plus d'un qui ne l'a pas gagnée autant que vous... et c'est le Schmitt qui sera vexé !...

— Hé ! hé ! hé ! il aura un bec comme ça, fit le maire, en appliquant la pomme de son parapluie au bout de son nez.

— Bien sûr, monsieur le maire, bien sûr... Mais reste à savoir où nous allons conduire les bestiaux... Il faudrait un endroit... un endroit bien couvert, garni de roches, avec un pâturage au fond pour laisser paître les bêtes... un endroit où le diable ne pourrait pas aller sans connaître le chemin... Tenez, par comparaison... le précipice de la Salière... c'est noir... c'est lointain..... les grands arbres pendent tout autour ; quarante bœufs se promèneraient là dedans sans se gêner... il n'y a qu'un petit sentier pour descendre, et l'eau ne manque point.

— Bien trouvé, Daniel, bien trouvé... Va pour la Salière.

— Alors, en route !... en route !... s'écria le petit homme en se tournant vers le pâtre. Gotlieb... appelle les bêtes... Hue !... hue !... pas de temps à perdre... Ces vauriens de Hunebourg ont déjà pris la clef des champs... mais ils trouveront les oiseaux dénichés... Hue ! »

Le pâtre, s'avançant alors à la pointe de la roche, emboucha sa trompe... Ces notes douces et plaintives planèrent un instant sur la vallée silencieuse, et descendirent d'échos en échos... Une autre y répondit de l'abîme... Le troupeau se remit en marche, et l'on entendit de sourds beuglements dans les profondeurs du défilé.

Tout à coup, deux bœufs superbes débouchèrent sous le dôme des grands chênes; ils marchaient de ce pas grave et solennel qui semble indiquer le sentiment de la force, fouettant l'air de leur queue et tournant parfois leur belle tête blanche tachée de roux, comme pour contempler leur cortége; puis arriva lentement une longue file de génisses, de vaches, de chèvres, mugissant, bêlant et nasillant à faire pleurer de tendresse le brave caporal... Enfin, la moitié du village d'Echbourg, femmes, vieillards, petits enfants : les uns accroupis sur leurs vieux chevaux de labour, les autres à la mamelle ou pendus à la robe de leur mère... Les pauvres gens avançaient clopin-clopant... ils paraissaient bien las... bien tristes... mais à la guerre comme à la guerre... on ne peut pas avoir toujours ses aises.

La troupe atteignit enfin le plateau... il ne restait plus qu'un petit nombre de traînards dispersés sur la pente du ravin... c'était le moment de faire main basse. Fargès et Lombard échangèrent un coup d'œil dans l'ombre... ils allaient donner le signal, lorsqu'un cri de détresse... un cri perçant vola de bouche en bouche jusqu'au sommet de la côte, et glaça d'épouvante toute la caravane :

« Les cosaques !... les cosaques !... »

Alors ce fut une scène étrange ; Fargès s'élança derrière le rideau de feuillage pour distribuer de nouveaux ordres... On entendit le bruit sec et rapide des batteries, puis de ce côté tout rentra dans le silence.

Quant aux fugitifs, ils n'avaient pas bougé; immobiles, se regardant l'un l'autre la bouche béante, n'ayant ni la force de fuir, ni le courage de prendre une résolution, ils offraient l'image de la terreur. Le diplomate seul ne perdit pas sa présence d'esprit, et courut se blottir sous une roche creuse, de sorte qu'on ne voyait plus au dehors que ses souliers et le bas de ses jambes.

Presque aussitôt Lombard reconnut aux environs le cri rauque des cosaques; ils accouraient en tous sens, à travers taillis, halliers, broussailles... A les voir bondir au clair de lune sur leurs petits chevaux bessarabiens, l'œil en feu, les naseaux fumants, la crinière hérissée, on les eût pris pour une bande de loups affamés enveloppant leur proie... Les bœufs mugissaient, les femmes sanglotaient, les pauvres mères pressaient leurs enfants sur leur sein, et les Baskirs resserraient toujours le cercle de leurs évolutions, pour fondre sur ce groupe... Enfin, ils se massèrent et partirent en ligne en poussant des hourras furieux. Tout à coup le sombre feuillage s'illumina comme d'un reflet de foudre, un feu de peloton étendit sa nappe rougeâtre sur le plateau,

et la montagne parut frissonner de surprise...
Quand la fumée de cette décharge se fut dissipée, on vit les Cosaques en déroute chercher à fuir dans la direction du Graufthâl, mais là s'étendait une barrière de rochers infranchissables.

« En avant, morbleu ! — Pas de quartier !... » hurla le caporal.

Les vétérans, animés par sa voix, se précipitèrent à la poursuite des fuyards... Le combat fut court... Acculés à la pointe du roc, les soldats de Platoff firent volte-face et chargèrent avec la furie du désespoir... Cinquante coups de lance et de baïonnette s'échangèrent en une seconde; mais dans cet étroit espace, les Cosaques, ne pouvant faire manœuvrer leurs chevaux, furent bientôt écrasés... Un seul résista jusqu'au bout... Grand, maigre, à la face terne et cuivrée, véritable figure méphistophélique, il était recouvert de plusieurs peaux de mouton... Lombard en enlevait une à chaque coup de baïonnette.

« Canaille ! murmurait-il, je finirai pourtant par t'attaquer le cuir... »

Il se trompait !... Le cosaque bondit au-dessus de sa tête, en lui assenant avec la crosse de son pistolet un coup terrible sur la mâchoire... Le caporal cracha deux dents, arma son fusil, ajusta le Baskir et fit feu... Mais attendu que l'arme n'était pas chargée, l'autre disparut sain et sauf, en ayant encore l'air de se moquer de lui par un triple hourrah!

C'est ainsi que l'intrépide Lombard, après vingt-huit ans de service et trente-deux campagnes, eut la mâchoire fortement ébranlée par un sauvage d'Ekatérinoslof, qui ne possédait pas même les premiers principes de la guerre.

« Sang de chien, dit-il avec râge, si je te tenais! »

Fargès, en raffermissant sa baïonnette toute gluante de sang, promena des regards étonnés autour du plateau; les habitants d'Echbourg avaient disparu... Leurs bœufs erraient à l'aventure dans les halliers... Quelques chèvres grimpaient le long de la côte... et sauf une vingtaine de cadavres étendus dans les bruyères, tout respirait le calme et les douceurs de la vie champêtre. Les vétérans eux-mêmes semblaient tout surpris de leur facile triomphe, car excepté Nicolas Rabeau, ancien tambour-major au 14ᵉ de ligne, prévôt d'armes, de danse et de grâces françaises, lequel eut la gloire d'être embroché par un cosaque et de rendre l'âme sur le champ d'honneur... à cette exception près, tous les autres en furent quittes pour des horions.

« Ah çà ! camarades, dit Fargès, il ne s'agit pas de nous abandonner à des réflexions plus ou moins quelconques... Ce grand pendard de cosaque qui vient de s'échapper pourrait gâter nos affaires... Nos provisions sont complètes... Ce qu'il y a de plus simple, c'est de réunir le bétail et de gagner le fort, avant que l'ennemi ait eu le temps de nous barrer le passage. »

Tout le monde se mit aussitôt à l'œuvre, et, dix minutes après, la petite colonne, poussant devant elle le troupeau, reprenait le chemin de Hunebourg.

Vers six heures, elle était sous les canons du fort.

On peut se figurer la satisfaction de Jean-Pierre Noël, lorsque ayant entendu crier les chaînes du pont-levis, et s'étant mis à sa fenêtre, en simples manches de chemise, il vit défiler, d'abord les bœufs... puis les vaches laitières suivies de leurs veaux... puis les génisses... les chèvres trottant menu... les porcs... les chevaux... enfin toute la *razzia*... marchant « avec ordre et discipline » comme il avait eu soin de le recommander à Fargès.

Le caporal Lombard, gravement assis sur une vieille rosse à moitié grise, son grand chapeau à claque sur l'oreille, et le fusil en sautoir, formait à lui seul l'arrière-garde de la colonne.

Le brave commandant ne se sentait plus de joie; aussi lorsque trois jours plus tard l'archiduc Jean d'Autriche, à la tête d'un corps de six mille hommes, fit sommer la place de se rendre, avec menace de la bombarder et de la détruire de fond en comble en cas de refus... Jean-Pierre ne put s'empêcher de sourire. Il fit dresser un état récapitulatif de ses provisions de bouche, et l'adressa sous forme de réponse au général autrichien, ajoutant :

« Qu'il regrettait de ne pouvoir être agréable à Son Altesse... mais qu'il était beaucoup trop gourmand pour quitter une place aussi bien approvisionnée. Il priait *conséquemment* Son Altesse de vouloir bien l'excuser... etc., etc.

« Quant à votre menace de bombarder la forteresse et de la détruire de fond en comble, disait-il en terminant, je m'en soucie comme du roi Dagobert ! »

L'archiduc Jean d'Autriche entendait très-bien le français... Il avait, de plus, un faible pour la cuisine, et comprit les scrupules de Jean-Pierre. Aussi, dès le lendemain, il remonta tranquillement la vallée de la Zorne... après avoir fait demi-tour à gauche !...

Et voilà pourquoi Hunebourg ne fut pas rendu.

LE BOUC D'ISRAËL

CONTE

Tout le monde connaît, à Tubingue, l'histoire déplorable du seigneur Kasper Évig et du juif Élias Salomon. — Kasper Évig faisait des visites fréquentes à la petite Éva Stromayer ; un soir il trouva chez elle mon ami Élias, et lui détacha, je ne sais sous quel prétexte, trois ou quatre soufflets bien appliqués.

Élias Salomon, qui venait de commencer sa médecine depuis cinq mois, fut sommé par le conseil des étudiants de provoquer le seigneur Kasper en duel... ce qu'il fit avec une extrême répugnance, car un seigneur est nécessairement très-fort sur les armes.

Cela n'empêcha pas Salomon de se fendre à propos, et de passer son fleuret entre les côtes dudit seigneur... circonstance qui gêna considérablement la respiration de celui-ci, et l'envoya dans l'autre monde en moins de dix minutes.

Le *rector* Diemer, instruit de ces détails par les témoins, les écouta froidement et leur dit :

« C'est très-bien, Messieurs... Il est mort, n'est-ce pas?... Eh bien qu'on l'enterre. »

Salomon fut porté en triomphe comme un nouveau Matathias, mais bien loin d'en tirer gloire, il fut atteint d'une mélancolie profonde.

Il maigrissait, il gémissait et soupirait ; son nez, déjà si long, semblait grandir encore à vue d'œil, et souvent le soir, lorsqu'il traversait la rue des *Trois Fontaines*, on l'entendait murmurer :

« Kasper Évig, pardonne-moi... Je n'en voulais pas à ta vie!—Malheureuse Éva, qu'as-tu fait?... Par tes agaceries inconsidérées, tu as excité deux hommes intrépides l'un contre l'autre... et voilà que l'ombre du seigneur Kasper me poursuit jusque dans mes rêves... Éva !... malheureuse Éva, qu'as-tu fait ?...»

Ainsi gémissait ce pauvre Salomon, d'autant plus à plaindre que les fils d'Israël ne sont pas sanguinaires, et que le Dieu fort... le Dieu jaloux... leur a dit :

« Le sang innocent retombera sur vos têtes de génération en génération ! »

Or, une belle matinée de juillet, que je vidais des chopes à la brasserie du *Faucon*, Élias entra, la mine défaite comme d'habitude, les joues creuses, les cheveux épars autour des tempes et le regard abattu. — Il me posa la main sur l'épaule et me dit :

« Cher Christian, veux-tu me faire un plaisir ?

— Pourquoi pas, Élias ; de quoi s'agit-il ?

—. Faisons un tour de promenade à la campagne ; je désire te consulter sur mes souffrances... Toi qui connais les choses divines et humaines, tu pourras peut-être m'indiquer un remède à tant de maux... J'ai la plus grande confiance en toi, Christian. »

Comme j'avais déjà pris mes cinq ou six canettes et mes deux ou trois petits verres de *schnaps*, je ne vis pas d'objection à sa demande. D'ailleurs, je trouvais très-beau de sa part d'avoir confiance dans mes lumières.

Nous traversâmes donc la ville, et vingt minutes après, nous montions le petit sentier des violettes, qui serpente vers les ruines antiques de Triefels.

Là, seuls, cheminant entre deux haies d'aubépine à perte de vue, écoutant l'alouette qui s'égosillait dans les nuages... la caille qui jetait son cri guttural au milieu des vignes... et gravissant à pas lents vers les hauts sapins du Rôthalps, Élias parut respirer plus librement, il leva les yeux au ciel et s'écria :

« Dans tes nombreuses lectures théologiques, n'as-tu pas trouvé, Christian, quelque moyen d'expiation propre à soulager la conscience des grands coupables ? — Je sais que tu te livres à des recherches curieuses en ce genre... Parle !... Quoi que tu me conseilles, pour mettre en fuite l'ombre vengeresse de Kasper Évig... je le ferai ! »

La question de Salomon me rendit tout pensif. Nous marchions côte à côte, la tête inclinée, dans le plus grand silence ; lui m'observait du coin de l'œil, tandis que je m'efforçais de recueillir mes souvenirs sur cette matière délicate. Enfin je lui répondis :

« Si nous habitions les Indes, Salomon, je te dirais d'aller te baigner dans le Gange, car les ondes de ce fleuve lavent les souillures du corps et celles de l'âme ; c'est du moins l'opinion des gens du pays, qui ne craignent ni de tuer, ni d'incendier, ni de voler, à cause des vertus singulières de leur fleuve... C'est une grande consolation pour les scélérats !... Il est bien à regretter que nous ne jouissions pas d'un cours d'eau pareil. — Si nous vivions du temps de Jason, je te dirais de manger des gâteaux de sel de la reine Circé, qui avaient la propriété remarquable de blanchir les consciences noircies, et de vous sauver du remords... — Enfin si tu avais le bonheur d'appartenir à notre sainte religion, je t'ordonnerais de dire des prières... et surtout de donner tes biens à l'Église... Mais dans l'état des temps, des lieux et des croyances où tu te trouves, je ne vois qu'un moyen de te soulager.

— Lequel ? » s'écria Salomon, déjà ranimé d'espérance.

Nous étions alors arrivés sur le Rôthalps, dans un lieu solitaire qu'on appelle Holderloch. C'est une gorge profonde et sombre, autour de laquelle s'élèvent de noirs sapins ; une roche plate couronne l'abîme, où s'élancent en grondant les flots du Mürg.

Le sentier que nous suivions nous avait conduits là. Je m'assis sur la mousse pour respirer la brume qui s'élève du gouffre, et, dans ce moment même, j'aperçus au-dessous de moi un bouc superbe qui cherchait à saisir quelques touffes de cresson sauvage au bord de la corniche.

Il faut savoir que les rochers du Holderloch montent les uns par-dessus les autres en forme d'escalier; chaque marche peut bien avoir dix pieds de hauteur, mais tout au plus un pied et demi de saillie, et sur ces rebords s'épanouissent mille plantes aromatiques, — du chèvrefeuille, du lierre, de la vigne sauvage, des volubilis, — sans cesse arrosées par les vapeurs du torrent et retombant en touffes de la plus belle verdure.

Or, mon bouc, le front large, surmonté de ses hautes cornes noueuses, les yeux étincelants comme deux boutons d'or, la barbiche roussâtre, l'attitude sournoise sous ces festons de pampre, et le regard hardi comme un vieux satyre en maraude... mon bouc s'avançait précisément vers la plus haute de ces marches étroites, et s'en donnait à cœur joie de cette verdure embaumée.

« Salomon, m'écriai-je, l'esprit du Seigneur m'illumine : au moment même où je pense au bouc d'Israël, je le vois... regarde... le voilà ! — L'esprit éternel n'est-il pas visible dans tout ceci ? — Charge ce bouc de ton remords et qu'il n'en soit plus question. »

Salomon me regarda stupéfait :

« Je le voudrais bien, Christian, fit-il, mais comment m'y prendre pour charger ce bouc de mon remords ?

— Rien de plus simple... Comme s'y prenaient les Romains, pour se débarrasser des traîtres tout souillés de crimes... Ils les précipitaient de la roche Tarpéienne, n'est-ce pas ? Eh bien ! après avoir lancé ton imprécation sur ce bouc, jette-le dans le Holderloch... et tout sera fini !

— Mais, répondit Salomon...

— Je sais ce que tu vas m'objecter, m'écriai-je, tu vas me dire qu'il n'existe aucun rapport entre Kasper Évig, dont l'ombre te poursuit, et ce bouc... Mais prends garde !...

prends garde!... ce serait un raisonnement impie... — Quels rapports y avait-il entre les eaux du Gange, entre les gâteaux de sel de la reine Circé, entre le bouc d'Israël et les crimes qu'il s'agissait d'expier? — Aucun. — Eh bien! cela n'empêchait pas les expiations d'être bonnes, saintes, sacrées, efficaces, ordonnées par Brahma, Vichnou, Siva, Osiris, Jéhovah... Donc, charge ce bouc de ton imprécation... précipite-le!... Je te l'ordonne... car l'esprit m'éclaire en ce moment... et je vois, moi, des rapports entre le bouc et les péchés des mortels, seulement je ne puis les exprimer... la lumière céleste m'éblouit! »

Salomon ne bougeait pas... Il me sembla même le voir sourire, ce qui m'indigna :

« Comment, m'écriai-je, lorsque je t'indique un moyen infaillible et facile d'échapper à la juste punition de ton crime... tu hésites... tu doutes... tu souris!...

— Non, fit-il, mais je n'ai pas l'habitude de marcher sur le bord des rochers, et je crains de tomber dans le Holderloch avec le bouc!

— Ah! poltron, tu n'as montré de courage qu'une fois dans ta vie... pour te dispenser d'en avoir toujours... Eh bien! puisque tu refuses d'accomplir le sacrifice que je t'ordonne, je l'accomplirai moi-même. »

Et je me levai.

« Christian!... Christian!... criait mon camarade, défie-toi... tu n'as pas le pied sûr en ce moment...

— Pas le pied sûr!... Oserais-tu dire que je suis ivre... parce que j'ai bu dix ou douze chopes et trois verres de *schnaps* ce matin?... Arrière!... arrière!... fils de Bélial. »

Et m'avançant à quelques pieds au-dessus du bouc, la tête haute et les mains étendues :

« Hazazel! m'écriai-je d'une voix solennelle, bouc de malheur et d'expiation!... je charge sur ton échine velue les remords de mon ami Salomon Élias, et je te dévoue à l'ange des ténèbres! »

Puis, faisant le tour du plateau, je descendis sur l'assise inférieure, afin de précipiter le bouc.

Une fureur sacrée et presque divine s'était emparée de moi... Je ne voyais pas l'abîme... Je marchais sur la corniche comme un chat.

Le bouc, lui, me voyant approcher, me regarda fixement, puis s'en alla plus loin.

« Hé! m'écriai-je, tu as beau fuir... tu ne m'échapperas pas, maudit... je te tiens!

— Christian! Christian! ne cessait de répéter Salomon d'une voix gémissante, au nom du ciel, ne t'expose pas ainsi!

— Tais-toi, incrédule, tais-toi, tu es indigne que je me dévoue pour ton bonheur... Mais ton ami Christian ne recule jamais, il faut que Hazazel périsse! »

Un peu plus loin, la corniche se rétrécissait et finissait en pointe.

Le bouc, m'ayant regardé pour la deuxième fois, se retira de nouveau devant moi, mais non sans hésiter.

« Ah! tu commences à comprendre, lui dis-je. Oui, oui, quand je te tiendrai là-bas dans le coin, il faudra bien que tu descendes! »

En effet, arrivé tout au bout, à l'endroit où la corniche manque, Hazazel parut fort embarrassé. Moi, je m'approchais, transporté d'un saint enthousiasme, et riant d'avance de la belle chute qu'il allait faire.

Je le voyais à quatre pas, et j'affermissais ma main à la souche d'un houx incrusté dans le roc, pour lancer mon coup de pied.

« Regarde, Salomon, regarde le maudit! » m'écriai-je.

Mais en ce moment, je reçus dans le ventre un coup furieux, un coup de tête qui m'aurait envoyé moi-même dans le Holderloch, sans la racine de houx que je tenais. Ce misérable bouc, se voyant acculé, commençait lui-même l'attaque.

Jugez de ma surprise. Avant que j'eusse eu le temps de revenir à moi, il était déjà debout pour la seconde fois sur ses jambes de derrière, et ses cornes me retombaient dans le creux de l'estomac avec un bruit sourd.

Quelle position ! — Non, jamais personne ne fut plus surpris que moi. C'était le monde renversé, il me semblait faire un mauvais rêve.
— Le précipice, avec ses roches pointues, se mit à danser au-dessous de moi, les arbres et le ciel au-dessus. En même temps, j'entendais la voix perçante de Salomon crier : « Au secours!... au secours!... » tandis que les cornes de Hazazel me labouraient les côtes.

Alors je perdis toute présence d'esprit ; le bouc, avec sa longue barbe rousse et ses cornes retombant en cadence, tantôt sur mon ventre, tantôt sur mon estomac, tantôt sur mes cuisses chancelantes, me produisit l'effet du diable; ma main se détendit, je me laissai aller. Heureusement quelque chose me retint en équilibre, sans qu'il me fût possible de savoir ce qui retardait ma chute : c'était le pâtre Yéri, du Holderloch, qui, du haut de la plate-forme, venait de m'accrocher au collet avec sa houlette.

Grâce à ce secours, au lieu de descendre dans le gouffre, je m'affaissai le long de la corniche, et le terrible bouc me passa sur le corps pour s'évader.

« Venez ici, tenez ma houlette solidement! — criait le pâtre ; — moi, je vais le chercher; ne lâchez pas !

— Soyez tranquille, » répondait Salomon.

J'entendais cela comme dans un cauchemar... j'avais perdu tout sentiment.

Quelques minutes après, j'étais étendu sur la plate-forme. Le pâtre Yéri, haut de six pieds et robuste comme un chêne, était venu me prendre dans ses bras, et m'avait déposé sur la mousse.

En rouvrant les yeux, je me vis en face de ce colosse, les yeux gris enfoncés sous d'épais sourcils, la barbe jaune, l'épaule couverte d'une peau de mouton, et je me crus ressuscité au temps d'OEdipe, ce qui ne laissa point de m'émerveiller.

« Eh bien! fit le pâtre d'un accent guttural, ceci vous apprendra à maudire mon bouc! »

Je vis alors Hazazel qui se vautrait contre la jambe robuste de son maître, et me regardait le cou tendu, d'un air ironique ; puis Salomon Élias, debout derrière moi, et se donnant toutes les peines du monde pour ne pas rire.

Mes idées bouleversées se classèrent insensiblement. Je m'assis avec peine, car les coups de Hazazel m'avaient meurtri.

« C'est vous qui m'avez sauvé? dis-je au pâtre.

— Oui, mon garçon.

— Eh bien, vous êtes un brave homme. Je retire la malédiction que j'ai lancée sur votre bouc. Tenez, prenez ceci. »

Je lui remis ma bourse, qui renfermait environ seize florins.

« A la bonne heure, fit-il; vous pouvez recommencer si cela vous fait plaisir. Ici, le combat sera plus égal... mon bouc avait trop d'avantages.

— Merci, j'en ai bien assez... — Donnez-moi la main, brave homme, je me souviendrai longtemps de vous. Élias, allons-nous-en. »

Mon camarade et moi, nous redescendîmes alors la côte, bras dessus, bras dessous.

Le pâtre, appuyé sur sa houlette, nous regardait de loin, et le bouc avait repris sa promenade sur les rebords de l'abîme. — Le ciel était splendide ; l'air, chargé des mille parfums de la montagne, nous apportait le chant lointain de la trompe et le bourdonnement sourd du torrent.

Nous rentrâmes à Tubingue tout attendris.

Depuis, mon ami Salomon s'est consolé d'avoir tué le seigneur Kasper, et cela d'une façon assez originale.

A peine reçu docteur en médecine, il a épousé la petite Éva Stromayer, dans le but louable d'en avoir beaucoup d'enfants, et de réparer le tort qu'il avait fait à la société, en la privant d'un de ses membres.

Il y a quatre ans que j'ai assisté à ses noces en qualité de garçon d'honneur, et déjà deux marmots joufflus égayent sa jolie maisonnette de la rue Crispinus.

C'est un commencement qui promet.

Dieu me garde de prétendre que cette nouvelle manière d'expier un meurtre soit préférable à celle que nous impose notre sainte religion, — laquelle consiste à donner son bien à l'Église et à réciter beaucoup de prières; — mais je la crois supérieure à la méthode hindoue, et même, puisqu'il faut tout vous dire, à la théorie fameuse du bouc d'Israël !

LE COMBAT D'OURS

Ce qui désole le plus ma chère tante, dit Kasper, après mon enthousiasme pour la taverne de maître Sébaldus Dick, c'est d'avoir un peintre dans la famille !

Dame Catherine aurait voulu me voir avocat, juge, procureur ou conseiller. Ah ! si j'étais devenu conseiller comme monsieur Andreus Van Berghum; si j'avais nasillé de majestueuses sentences, en caressant du bout des ongles un jabot de fines dentelles... quelle estime... quelle vénération la digne femme aurait eue pour monsieur son neveu ! Comme elle aurait parlé avec amour de monsieur le conseiller Kasper ! Comme elle aurait cité, à tout propos, l'avis de monsieur notre neveu le conseiller ! C'est alors qu'elle m'aurait servi ses plus fines confitures; qu'elle m'aurait versé chaque soir avec componction, au milieu de son cercle de commères, un doigt de vin muscat de l'an xi, disant :

« Goûtez-moi cela, monsieur le conseiller... Il n'en reste plus que dix bouteilles. »

Tout eût été bien, convenable, parfait de la part de monsieur notre neveu Kasper, le conseiller à la cour de justice.

Hélas ! le Seigneur n'a pas voulu que la digne femme obtînt cette satisfaction suprême : le neveu s'appelle Kasper tout court, Kasper Diderich; il n'a point de titre, de canne, ni de perruque... il est peintre !... et dame Catherine se rappelle sans cesse le vieux proverbe : « Gueux comme un peintre, » ce qui la désole.

Moi, dans les premiers temps, j'aurais voulu lui faire comprendre qu'un véritable artiste est aussi quelque chose de respectable; que ses œuvres traversent parfois les siècles et font l'admiration des générations futures, et qu'à la rigueur, un tel personnage peut bien valoir un conseiller, y compris sa perruque. Mais j'eus la douleur de ne pas réussir; elle haussait les épaules, joignait les mains et ne daignait pas même me répondre.

J'aurais tout fait pour convertir ma tante Catherine... tout... mais lui sacrifier l'art, la vie d'artiste, la musique, la peinture, la taverne de Sébaldus... plutôt mourir !

La taverne de maître Sébaldus est vraiment un lieu de délices. Elle forme le coin, entre la rue sombre des Hallebardes et la petite place de la Cigogne. A peine avez-vous dépassé sa porte cochère, que vous découvrez à l'intérieur une grande cour carrée entourée de vieilles galeries vermoulues, où monte un escalier de bois; tout autour s'ouvrent de petites fenêtres à mailles de plomb, à la mode du dernier siècle... des lucarnes... des soupiraux.

Les piliers du hangar soutiennent le toit affaissé.

La grange, les petites tonnes rangées dans un coin; l'entrée de la cave à gauche, une sorte de pigeonnier qui s'élance en pointe au-dessus du pignon, puis, au-dessous des galeries, d'autres fenêtres au fond desquelles vous voyez, encadrés dans l'ombre, les buveurs avec leurs tricornes, leurs nez rouges, pourpres, cramoisis; les petites femmes du Hundsrück, avec leurs bonnets de velours à grands rubans de moire tremblotants, graves, rieuses ou grotesques. Le grenier à foin en l'air sous le toit, les écuries, les réduits à porcs, tout cela, pêle-mêle, attire et confond vos regards... C'est étrange... vraiment étrange!...

Depuis cinquante ans, pas un clou n'a été posé dans la vieille masure; vous diriez un antique et respectable nid à rats. Et quand le soleil d'automne, ce beau soleil rouge comme le feu, tamise sur la taverne sa poussière d'or; quand, à la chute du jour, les angles ressortent et que les ombres se creusent; quand le cabaret chante et nasille; quand les canettes tintent; quand le gros Sébaldus, son tablier de cuir sur les genoux, passe et court à la cave un broc au poing; quand sa femme Grédel lève le châssis de la cuisine, et qu'avec son grand couteau ébréché elle racle des poissons, ou coupe le cou de ses poulets, de ses oies, de ses canards, qui gloussent, sanglotent et se débattent sous une pluie de sang; quand la douce Fridoline, avec sa petite bouche rose et ses longues tresses blondes, se penche à sa fenêtre pour arranger son chèvrefeuille, et qu'au-dessus se promène le gros chat roux de la voisine, balançant la queue et suivant de ses yeux verts l'hirondelle qui tourbillonne dans l'azur sombre... alors je vous jure qu'il faudrait ne pas avoir une goutte de sang artiste dans les veines, pour ne point s'arrêter en extase, prêtant l'oreille à ces murmures, à ces bruits, à ces chuchotements; regardant ces lueurs tremblotantes, ces ombres fugitives, et pour ne pas se dire tout bas : « Que c'est beau ! »

Mais c'est un jour de fête, un jour de grande réunion, lorsque tous les joyeux convives de Bergzabern se pressent dans la vaste salle du rez-de-chaussée; un jour de combat de coqs, de combat de chiens, ou de lanterne magique... c'est un de ces jours-là qu'il faut voir la taverne de maître Sébaldus.

L'automne dernier, le samedi de la Saint-Michel, entre une et deux heures de l'après-midi, nous étions tous réunis autour de la grande table de chêne : le vieux docteur Melchior, le chaudronnier Eisenloëffel et sa commère, la vieille Berbel Rasimus, Borves Fritz, clarinette à la taverne du *Pied-de-Bœuf*, et cinquante autres riant, chantant, criant, jouant au *youker*, vidant des chopes, mangeant du boudin et des andouilles.

La mère Grédel allait et venait; les jolies servantes Heinrichen et Lotché montaient et descendaient l'escalier de la cuisine comme des écureuils... et dehors, sous la grande porte cochère, retentissait un bruit joyeux de cymbales et de grosse caisse : « Zing... zing... boum... boum!... Hé! hohé! grande bataille, l'ours des Asturies *Bépo* et *Baptiste* le Savoyard, contre tous les chiens du pays!... Boum! boum! Entrez, messieurs, mesdames! On verra le buffle de la Calabre et l'onagre du désert... Courage, messieurs... entrez... entrez!... »

On entrait en foule, et Sébaldus, en travers de la porte avec son gros ventre, barrait le passage comme Horatius Coclès, criant :

« Vos cinq *kreutzers*, canailles!... vos cinq *kreutzers!...* ou je vous étrangle! »

C'était une bagarre épouvantable; on se grimpait sur le dos pour arriver plus vite; la petite Brigitte Kéra y perdit un bas, et la vieille Anna Seiler, la moitié de sa jupe. Vers deux heures, le meneur d'ours, un grand gaillard, roux de barbe et de cheveux, coiffé d'un immense feutre gris en pain de sucre, entr'ouvrit la porte et nous cria :

« La bataille va commencer. »

Aussitôt les tables furent abandonnées; on ne prit pas même le temps de vider son verre. Je courus au grenier à foin, j'en grimpai l'échelle quatre à quatre et je la retirai après moi. Alors, assis tout seul sur une botte de paille, j'eus le plus beau coup d'œil qu'il soit possible de voir.

Dieu que de monde! Les vieilles galeries en craquaient; les toits en pliaient... Il y en avait... il y en avait... mon Dieu! cela faisait frémir... On aurait dit que tout devait tomber ensemble; que les gens, entassés les uns sur les autres, devaient se fondre entre les balustrades, comme les grappes sous le pressoir.

Il y en avait de pendus en forme de hottes à l'angle des piliers, et plus haut, sur la gouttière; plus haut, dans le pigeonnier; plus haut, dans les lucarnes de la mairie; plus haut, sur le clocher de Saint-Christophe, et tout ce monde se penchait, hurlait et criait :

« Les ours! les ours! »

Et quand j'eus suffisamment admiré la foule innombrable, abaissant les yeux, je vis sur l'aire de la cour un pauvre âne plus maigre, plus décharné que le coursier fantôme de l'Apocalypse, la paupière demi-close, les oreilles pendantes. C'est lui qui devait commencer la bataille.

« Faut-il que les gens soient bêtes ! » me dis-je en moi-même.

Cependant les minutes se passaient, le tumulte redoublait, on ne se possédait plus d'impatience, lorsque le grand pendard roux, avec son immense feutre gris, s'avançant au milieu de la cour, s'écria d'un ton solennel, le poing sur la hanche :

« L'onagre du désert défie tous les chiens de la ville. »

Il se fit un profond silence, et le boucher Daniel, les yeux à fleur de tête et la bouche béante, regardant de tous côtés, demanda :

« Où donc est l'onagre ?

— Le voilà !

— Ça ! mais c'est un âne ! »

Et tout le monde cria :

« C'est un âne ! C'est un âne !

— C'est un onagre !

— Eh bien, nous allons voir, » dit le boucher en riant.

Il siffla son chien, et, lui montrant l'âne :

« Foux... attrape! »

Mais, chose bizarre, à peine l'âne eut-il vu le chien accourir, qu'il se retourna lestement et lui détacha un coup de pied haut la jambe, si juste qu'il en eut la mâchoire fracassée.

Des éclats de rire immenses s'élevèrent jusqu'au ciel, tandis que le chien se sauvait poussant des cris lamentables.

« Eh bien, cria le meneur d'ours, direz-vous encore que mon onagre est un âne?

— Non, fit Daniel tout honteux, je vois bien maintenant que c'est un onagre.

— A la bonne heure... à la bonne heure... Que d'autres viennent encore combattre cet animal rare, nourri dans les déserts... Qu'ils approchent... l'onagre les attend! »

Mais aucun ne se présentait; le meneur d'ours avait beau crier de sa voix perçante :

« Voyons, Messieurs, Mesdames, est-ce qu'on a peur?... peur de mon onagre? C'est honteux pour les chiens du pays. Allons, courage... courage... Messieurs, Mesdames! »

Personne ne voulait risquer son chien contre cet âne dangereux. Le tumulte recommençait :

« Les ours ! Les ours ! Qu'on fasse venir les ours ! »

Au bout d'un quart d'heure, l'homme vit bien qu'on était las de son onagre ; c'est pourquoi, l'ayant fait entrer dans la grange, il s'approcha du réduit à porcs, l'ouvrit et tira dehors, par sa chaîne, *Baptiste* le Savoyard, un vieil ours brun tout râpé, triste et honteux comme un ramoneur qui sort de sa cheminée. Malgré cela, les applaudissements éclatèrent, et les chiens de combat eux-mêmes, enfermés sous le porche de la taverne, sentant l'odeur des fauves, hurlèrent à la mort d'une façon vraiment tragique. Le pauvre ours fut conduit près d'un solide épieu, contre le mur de la buanderie, et se laissa tranquillement attacher, promenant sur la foule des regards mélancoliques.

« Pauvre vieux routier, m'écriai-je en moi-même, qui t'aurait dit, il y a dix ans, lorsque tu parcourais seul, grave et terrible, les hauts glaciers de la Suisse, ou les sombres ravins de l'Underwald, et que tes hurlements faisaient trembler jusqu'aux vieux chênes de la montagne... qui t'aurait dit alors qu'un jour, triste et résigné, la gueule cerclée de fer, tu serais attaché au carcan et dévoré par de misérables chiens, pour l'amusement de Bergzabern? Hélas! hélas! *Sic transit gloria mundi!* »

Et, comme je rêvais à ces choses, tout le monde se penchant pour voir, je fis comme les autres, et je reconnus que l'action allait s'échauffer.

Les limiers du vieux Heinrich, dressés à la chasse du sanglier, venaient de s'avancer à l'autre bout de la cour. Retenus par leur maître, ces animaux écumaient de rage. C'était un grand danois à la robe blanche tachetée de noir, souple, nerveux, les mâchoires déchaussées comme un crocodile... puis un de ces grands lévriers du Tannevald, dont le jarret n'a pas été coupé selon l'ordonnance, les flancs évidés, les côtes saillantes, la tête en flèche, les reins noueux et secs comme un bambou. Ils n'aboyaient pas; ils tiraient à la longe, et le vieux Heinrich, son feutre gris à feuille de chêne renversé sur la nuque, la moustache rousse hérissée, le nez mince en lame de rasoir recourbé sur les lèvres, et ses longues jambes à guêtres de cuir arc-boutées contre les dalles, avait peine à les retenir des deux mains, en leur opposant tout le contre-poids de son corps.

« Retirez-vous ! retirez-vous ! » criait-il d'une voix vibrante. Et le meneur d'ours se dépêchait de regagner sa niche derrière le bûcher.

C'est alors qu'il fallait voir toutes ces figures inclinées sur les balustrades, pourpres, haletantes, les yeux hors de la tête !

L'ours s'était accroupi, ses larges pattes en l'air; il frissonnait dans sa grosse peau rousse, et sa muselière paraissait le gêner considérablement. Tout à coup la corde fut lâchée; les chiens ne firent qu'un bond d'une extrémité de la cour à l'autre, et leurs dents aiguës se cramponnèrent aux oreilles du pauvre *Baptiste*, dont les griffes passèrent autour du cou des limiers, s'imprimant dans leurs reins avec une telle force que le sang jaillit aussitôt... Mais lui-même saignait, ses oreilles se déchiraient... les chiens tenaient ferme... et ses yeux jaunes lançaient au ciel un regard navrant. Pas un cri... pas un soupir... les trois animaux restaient là, immobiles comme un groupe de pierre.

Moi, je sentais la sueur me couler le long du dos.

Cela dura plus de cinq minutes. Enfin le

lévrier parut céder un peu ; l'ours appuya plus fortement sur lui sa serre pesante... l'œil du vieux routier brilla d'espérance... puis il y eut encore un temps d'arrêt... On entendit un hoquet terrible... une sorte de craquement : l'échine du lévrier venait de se casser... il tomba sur le flanc, la gueule sanglante.

Alors *Baptiste* embrassa voluptueusement le danois des deux pattes... celui-ci tenait toujours, mais ses dents glissaient sur l'oreille... tout à coup il fléchit et fit un bond en arrière ; l'ours s'élança furieux... sa chaîne le retint. Le chien s'enfuit, rouge de sang, jusque derrière le veneur qui lui fit bon accueil, regardant de loin le lévrier qui ne revenait pas.

Baptiste avait posé sa griffe sur ce cadavre, et, la tête haute, il flairait le carnage à pleins poumons : le vieux héros s'était retrouvé! Des applaudissements frénétiques s'élevèrent des galeries jusqu'à la cime du clocher... L'ours semblait les comprendre... Je n'ai jamais vu d'attitude plus fière, plus résolue.

Après ce combat, toutes les bonnes gens reprenaient haleine ; le capucin Johannes, assis sur la balustrade en face, agitait son bâton et souriait dans sa longue barbe fauve. On avait besoin de se remettre... on s'offrait une prise de tabac, et la voix du docteur Melchior, développant les différentes chances de la bataille, s'entendait de loin. Il n'eut pas le temps de finir son discours, car la porte de la grange s'ouvrit, et plus de vingt-cinq chiens, grands et petits, tous les maraudeurs de la ville, offerts en holocauste pour la circonstance, débouchèrent dans la cour, hurlant, jappant, aboyant... Puis, d'un commun accord, ils se retirèrent dans un coin fort éloigné de l'ours, et de là continuèrent à se fâcher, à s'élancer, à reculer, à faire de l'opposition.

« Oh! les lâches!... Oh! la canaille!... criaient les gens courageux de la galerie, oh! les misérables!... »

Eux levaient le nez et semblaient répondre en jappant :

« Allez-y donc vous-mêmes! »

L'ours cependant se tenait sur ses gardes, quand, à la stupeur générale, Heinrich revint avec son danois.

J'ai su depuis qu'il avait parié cinquante florins contre le garde-chasse Joseph Kilian, de le faire reprendre. Il s'avança donc le caressant de la main, puis lui montrant l'ours :

« Courage, Blitz ! » s'écria-t-il.

Et le noble animal, malgré ses blessures, recommença l'attaque.

Alors, tous les poltrons, toute la canaille des roquets, des caniches, des tournebroches accourut à la file, et le pauvre vieux *Baptiste* en fut couvert; il roulait dessus, hurlant, grognant, écrasant l'un, estropiant l'autre, se débattant avec fureur.

Le brave danois se montrait encore le plus intrépide; il avait pris l'ours à la tignasse et roulait avec lui les pattes en l'air, tandis que d'autres lui mordaient les jarrets... d'autres ses pauvres oreilles saignantes... Cela n'en finissait plus.

« Assez ! assez ! » criait-on de toutes parts.

Quelques-uns cependant répétaient avec acharnement :

« Sus ! sus !... courage !... »

Heinrich, en ce moment, traversa la cour comme un éclair; il vint saisir son chien par la queue, et le tirant de toutes ses forces :

« Blitz ! Blitz !... lâcheras-tu ? »

Bah ! rien n'y faisait. Le veneur réussit enfin

à lui faire lâcher prise par un coup de fouet terrible, et l'entraînant aussitôt, il disparut à l'angle de la porte cochère.

Les roquets n'avaient pas attendu son départ pour battre en retraite... quatre ou cinq restaient sur le flanc... Les autres, effarés, éclopés, courant, boitant, cherchaient à grimper aux murs. Tout à coup l'un d'eux, le carlin de la vieille Rasimus, aperçut la fenêtre de la cuisine, et plein d'un noble enthousiasme, il enfila l'une des vitres. Tous les autres, frappés de cette idée lumineuse, passèrent par là sans hésiter... On entendit les soupières, les casseroles, toute la vaisselle tomber avec fracas, et la mère Grédel jeter des cris aigus :

« Au secours !... Au secours ! »

Ce fut le plus beau moment du spectacle : on n'en pouvait plus de rire... on se tordait les côtes...

« Ha! ha! ha! la bonne farce!... »

Et de grosses larmes coulaient sur les joues pourpres des spectateurs... les ventres galopaient à perdre haleine...

Au bout d'un quart d'heure, le calme s'était rétabli... On attendait avec impatience le terrible ours des Asturies.

« L'ours des Asturies! L'ours des Asturies!... »

Le meneur d'ours faisait signe au public de se taire, qu'il avait quelque chose à dire... Impossible... les cris redoublaient :

« L'ours des Asturies!... L'ours des Asturies!... »

Alors cet homme prononça quelques paroles inintelligibles, détacha l'ours brun et le reconduisit dans sa bauge, puis, avec toute sorte de précautions, il ouvrit la porte du réduit voisin, et saisit le bout d'une chaîne qui traînait à terre... Un grondement formidable se fit entendre à l'intérieur... L'homme passa rapidement la chaîne dans un anneau de la muraille et sortit en criant :

« Hé! vous autres, lâchez les chiens! »

Presque aussitôt un petit ours gris, court, trapu, la tête plate, les oreilles écartées de la nuque, les yeux rouges et l'air sinistre, s'élança de l'ombre, et, se sentant retenu, poussa des hurlements furieux. Évidemment cet ours avait des opinions philosophiques déplorables... Il était, en outre, surexcité au dernier point par les aboiements et le bruit du combat qu'il venait d'entendre... et son maître faisait très-bien de s'en défier.

« Lâchez les chiens ! criait le meneur en passant le nez par la lucarne de la grange, lâchez les chiens ! »

Puis il ajouta :

« Si l'on n'est pas content... ce ne sera pas de ma faute... Que les chiens sortent... et l'on va voir une belle bataille ! »

Au même instant, le dogue de Ludwig Korb, et les deux chiens-loups du vannier Fischer de Hirschland, la queue traînante, le poil long, la mâchoire allongée et l'oreille droite, s'avancèrent ensemble dans la cour.

Le dogue, calme, la tête pesante, bâilla en se détirant les jambes et fléchissant les reins... Il ne voyait pas encore l'ours, et semblait s'éveiller... Mais après avoir bâillé longuement... il se retourna... vit l'ours... et resta immobile, comme stupéfait. L'ours regardait aussi, l'oreille tendue, ses deux grosses serres crispées sur le pavé, ses petits yeux étincelants comme à l'affût.

Les deux chiens-loups se rangèrent derrière le dogue.

Le silence était tel alors, qu'on aurait entendu tomber une feuille ; un grondement sourd, grave, profond comme un bruit d'orage, donnait le frisson à la foule.

Tout à coup le dogue bondit, les deux autres le suivirent, et, durant quelques secondes, on ne vit plus qu'une masse rouler autour de la chaîne, puis des entrailles vertes et bleues, mêlées de sang, couler sur les dalles... puis, enfin, l'ours se relever, tenant le dogue sous sa serre tranchante... balancer sa lourde tête avec un soupir et bâiller à son tour... car il n'avait plus de muselière... elle s'était détachée dans le combat !

Un vague chuchotement courait autour des galeries... On n'applaudissait plus ; on avait peur ! — Le dogue râlait ; les deux autres chiens en lambeaux ne donnaient plus signe de vie... dans les écuries voisines, de longs mugissements annonçaient la terreur du bétail... des ruades ébranlaient les murs... Et pourtant l'ours ne bougeait pas... il semblait jouir de la terreur générale...

Or, comme on était ainsi, voilà qu'un faible craquement se fit entendre... puis un autre : les vieilles galeries vermoulues commençaient à fléchir sous le poids énorme de la foule !...

Et ce bruit, dans le silence de l'attente... ce faible bruit avait quelque chose de si terrible, que moi-même, à l'abri dans mon grenier, je me sentis froid subitement... Aussi, promenant les yeux sur les galeries en face, je vis toutes les figures pâles, d'une pâleur étrange... Quelques-unes, la bouche béante... les autres, les cheveux hérissés... écoutant, retenant leur haleine. Les joues du capucin Johannes, assis sur la balustrade, avaient des teintes verdâtres, et le gros nez cramoisi du docteur Melchior s'était décoloré pour la première fois depuis vingt-cinq ans... Les petites femmes grelottaient sans bouger de leur place, sachant que la moindre secousse pourrait entraîner la chute générale.

J'aurais voulu fuir; il me semblait voir les vieux piliers de chêne s'enfoncer dans la terre.... Était-ce une illusion de la peur? Je l'ignore... mais au même instant la grosse poutre fit un éclat, et s'affaissa de trois pouces au moins. Alors, mes chers amis, ce fut quelque chose d'horrible : autant le silence avait été grand, autant le tumulte, les cris, les gémissements devinrent affreux. Cette masse d'êtres amoncelés dans les galeries, comme dans une hotte immense, se prirent à grimper les uns par-dessus les autres, à se cramponner aux murs, aux piliers, aux balustrades, à se frapper même avec rage, à mordre... pour fuir plus vite... Et, dans cette épouvantable bagarre, la voix plaintive de Thérésa Becker, prise tout à coup de mal d'enfant, s'entendait comme la trompette du jugement dernier.

Oh Dieu! rien 'qu'à ce souvenir, je me sens encore frissonner... Le Seigneur me préserve de revoir jamais un pareil spectacle!

Mais ce qu'il y avait de plus terrible, c'est que l'ours se trouvait précisément attaché tout près de l'escalier de la cour qui monte aux galeries.

Je me rappellerais mille ans la figure du capucin Johannes, qui s'était fait jour avec son grand bâton, et mettait le pied sur la première marche, lorsqu'il aperçut, au bas de l'escalier, *Beppo* accroupi sur son derrière, la chaîne tendue et l'œil réjoui... prêt à le happer au passage!

Ce qu'il fallut alors de force à maître Johannes pour se cramponner à la rampe et retenir la foule qui le poussait en avant, nul ne le sait... Je vis ses larges mains saisir les montants de l'escalier... son dos s'arc-bouter comme celui du géant Atlas, et je crois qu'il aurait lui-même, dans ce moment, porté le ciel sur ses épaules.

Au milieu de cette bagarre, et comme rien ne semblait pouvoir conjurer la catastrophe, la porte de l'étable s'ouvrit brusquement, et le terrible Horni, le magnifique taureau de maître Sébaldus, le fanon flottant comme un tablier, le mufle couvert d'écume, s'élança dans la cour.

C'était une inspiration de notre digne maître de taverne... il sacrifiait son taureau pour sauver le public. En même temps la bonne grosse tête rouge du brave homme apparaissait à la lucarne de l'étable, criant à la foule de ne pas s'effrayer... qu'il allait ouvrir l'escalier intérieur qui descend dans la vieille synagogue... et que tout le monde pourrait sortir par la rue des Juifs.

Ce qui fut fait deux ou trois minutes plus tard, à la satisfaction générale !

Mais écoutez la fin de l'histoire.

A peine l'ours avait-il aperçu le taureau, qu'il s'était élancé vers ce nouvel adversaire d'un bond si terrible, que sa chaîne s'était cassée du coup. Le taureau, lui, à la vue de l'ours, s'accula dans l'angle de la cour, près du pigeonnier, et, la tête basse entre ses jambes trapues, il attendit l'attaque.

L'ours fit plusieurs tentatives pour se glisser contre le mur, allant de droite à gauche; mais le taureau, le front contre terre, suivait ce mouvement avec un calme admirable.

Depuis cinq minutes, les galeries étaient vides; le bruit de la foule, s'écoulant par la rue des Juifs, s'éloignait de plus en plus, et la manœuvre des deux adversaires semblait devoir se prolonger indéfiniment, lorsque tout à coup le taureau, perdant patience, se rua sur l'ours de tout le poids de sa masse. Celui-ci, serré de près, se réfugia dans la niche du bûcher... la tête du taureau l'y suivit et le cloua sans doute contre la muraille, car j'entendis un hurlement terrible, suivi d'un craquement d'os... et presque aussitôt un ruisseau de sang serpenta sur le pavé.

Je ne voyais que la croupe du taureau et sa queue tourbillonnante... On eût dit qu'il voulait enfoncer le mur, tant ses pieds de derrière pétrissaient les dalles avec fureur. Cette scène silencieuse au fond de l'ombre avait quelque chose d'épouvantable. Je n'en attendis pas la fin... Je descendis tout doucement l'échelle de mon grenier, et je me glissai hors de la cour comme un voleur. Une fois dans la rue, je ne saurais dire avec quel bonheur je respirai le grand air, et traversant la foule réunie devant la porte autour du meneur d'ours, qui s'arrachait les cheveux de désespoir, je me pris à courir vers la demeure de ma tante.

J'allais tourner le coin des arcades, lorsque je fus arrêté par mon vieux maître de dessin, Conrad Schmidt.

« Hé! Kasper, me cria-t-il, où diable cours-tu si vite?

— Je vais dessiner la grande bataille d'ours! lui répondis-je avec enthousiasme.

— Encore une scène de taverne, sans doute? fit-il en hochant la tête.

— Hé! pourquoi pas, maître Conrad? Une belle scène de taverne vaut bien une scène du forum! »

J'allais le quitter... mais lui, s'accrochant à mon bras, poursuivit d'un ton grave :

« Kasper!... au nom du ciel, écoute-moi... Je n'ai plus rien à t'apprendre : tu dessines mieux que Schwaan, et tu peins comme Van Berghem... Ta couleur est grasse, bien fondue, harmonieuse... Il faut maintenant voyager... Remercie le ciel de t'avoir donné 1,500 florins de rente... Chacun ne possède pas cet avantage... Il faut aller voir l'Italie... le ciel pur de la belle Italie... au lieu de perdre ton temps à courir les tavernes ! Tu vivras là en société de Raphaël, de Michel-Ange, de Paul Véronèse, du Titien et de maître Léonard, le phénix des phénix ! Tu nous reviendras grandi de sept coudées, et tu feras la gloire du vieux Conrad !

— Que diable me chantez-vous là, maître Schmidt ? m'écriai-je, vraiment indigné. C'est ma tante Catherine qui vous a soufflé cela, pour m'éloigner de la taverne de Sébaldus Dick ; mais il n'en sera rien ! Quand on a eu le bonheur de naître à Bergzabern, entre les superbes vignobles du Rhingau et les belles forêts du Hundsrück, est-ce qu'il faut songer aux voyages ? Dans quelle partie du monde trouve-t-on d'aussi beaux jambons qu'aux portes de Mayence... d'aussi bons pâtés que sur les rives de Strasbourg... de plus nobles vins qu'à Rüdesheim, Markobrünner, Steinberg... de plus jolies filles qu'à Pirmasens, Kaiserslautern, Anweiler, Neustadt?... Où trouve-t-on des physionomies plus dignes d'être transmises à la postérité, que dans notre bonne petite ville de Bergzabern? Est-ce à Rome... à Naples... à Venise?... Mais tous ces pêcheurs, tous ces lazzarones, tous ces pâtres se ressemblent... On les a peints et repeints cent mille fois... Ils ont tous le nez droit, le ventre creux et les jambes maigres. Tenez, maître Conrad, sans vous flatter, avec votre petit nez rabougri, votre casquette de cuir et votre souquenille grise barbouillée de couleur, je vous trouve mille fois plus beau que l'Apollon du Belvédère...

— Tu veux te moquer de moi! s'écria le bonhomme stupéfait.

— Non, je dis ce que je pense... Au moins, vous n'avez pas les yeux dans le front, et les jambes sèches comme une chèvre... Et puis, allez donc trouver dans vos antiques une tête plus remarquable que celle de notre vieux docteur Melchior Hâsenkopf, sa perruque jaune clair tortillée sur le dos, le tricorne sur la nuque, et la face empourprée comme une grappe en automne! — Est-ce que votre Hercule Farnèse, avec sa peau de lion et sa massue, vaut notre bon, notre gros, notre digne maître de taverne Sébaldus Dick, avec son grand tablier de cuir déployé sur le ventre, depuis le triple menton jusqu'aux cuisses, la face épanouie comme une rose, le nez rouge comme une framboise, les yeux bleus à fleur de tête comme une grenouille, et la lèvre humide avancée en goulot de carafe?... Regardez-le de profil, maître Conrad, quand il boit... Quelle ligne magnifique, depuis le haut du coude, le long des reins, des cuisses et des mollets!... Quelle cascade de chair! Voilà ce que j'appelle un chef-d'œuvre de la création! Maître Sébaldus ne tue pas des hydres, mais il avale huit bouteilles de johannisberg et deux aunes de boudin dans une soirée; il aime mieux tenir un broc que des serpents... Est-ce une raison suffisante pour méconnaître son mérite? — Et notre brave capucin Johannes donc!... avec sa grande barbe fauve, ses pommettes osseuses, ses yeux gris, ses noirs sourcils joints au milieu du front comme un bouc... Quel air de grandeur, de majesté, quand il entonne d'une voix sonore le chant sublime : *Buvons! buvons! buvons!* Comme sa main musculeuse presse le verre, comme son œil étincelle!... N'est-ce pas de la couleur, cela, de la vraie couleur, solide et franche, maître Conrad?—Et trouvez-moi donc, dans tous vos antiques, deux plus jolies créatures que cette Roberte Weber et sa sœur Éva, les deux chanteuses de carrefour, lorsqu'elles vont de taverne en taverne, le soir, l'une sa guitare sous le bras, l'autre sa harpe pendue à l'épaule, et qu'elles traînent derrière elles leurs vieilles robes fanées, avec toute la majesté de Sémiramis... Voilà ce que je nomme des modèles!... de vrais modèles!... Oui, toutes déguenillées qu'elles sont, avec leurs vieilles robes flétries, Éva et Roberte parlent à mon âme; leurs yeux noirs, leur teint brun, leur profil sévère m'enthousiasment... Je les estime plus que toutes les Vénus de l'univers... Au moins elles ne posent pas! — Et quant à tous ces paysages arides... ces paysages à grandes lignes qu'on nous envoie d'Italie... quant à leurs golfes, à leurs ruines... le moindre coin de haie où bourdonne un hanneton... le plus petit chemin creux où grimpe une rosse étique traînant une charrette... les roues fangeuses... le fouet qui s'effile dans l'air... un rien... une mare à canards... un rayon de soleil dans un grenier... une tête de rat dans l'ombre, qui grignote et se peigne la moustache... me transportent mille fois plus que vos colonnes tronquées, vos couchers de soleil et vos effets de nuit ! Voyez-vous, maître Conrad, tout cela c'est de l'imitation... les païens ont accompli leur œuvre... Elle est magnifique... je le reconnais... Mais, au lieu de la copier platement... il s'agit de faire la nôtre !... On nous assomme avec le grand style, le genre grave... l'idéal grec... Moi, je ne veux être d'aucune académie et je suis Flamand... J'aime le naturel et les andouilles cuites dans leur jus... Quand les Italiens feront des saucisses plus délicates, plus appétissantes que celles de la mère Grédel... et que les personnages de leurs bas-reliefs et de leurs tableaux n'auront pas l'air de poser, comme des acteurs devant le public... alors j'irai m'établir à Rome. En attendant je reste ici... Mon Vatican à moi, c'est la taverne de maître Sébaldus ! C'est là que j'étudie les beaux modèles, et les effets de lumière en vidant des chopes... C'est bien plus amusant que de rêver sur des ruines... »

J'en aurais dit davantage, mais nous étions arrivés à ma porte.

« Allons... bonsoir, maître Conrad, m'écriai-je en lui serrant la main, et sans rancune.

— De la rancune! fit le vieux maître en souriant, tu sais bien qu'au fond je suis de ton avis... Si je te dis quelquefois d'aller en Italie, c'est pour faire plaisir à dame Catherine... Mais suis ton idée, Kasper... Ceux qui prennent l'idée d'un autre ne font jamais rien. »

FIN

TABLE

Une Nuit dans les bois............................. 1
Le Tisserand de la Steinbach..................... 29
Le Violon du pendu................................ 43
L'Héritage de mon oncle Christian............. 59
Hugues-le-Loup..................................... 81
Pourquoi Hunebourg ne fut pas rendu......... 277
Le Bouc d'Israël................................... 301
Le Combat d'ours.................................. 317

PRIX — ÉTRENNES — BIBLIOTHÈQUES POPULAIRES — ETC.

3 Fr. **BIBLIOTHÈQUE** **4 Fr.**
Broché. Cartonné.

D'ÉDUCATION ET DE RÉCRÉATION

VOLUMES IN-18

Brochés, 3 fr. — Cartonnés toile, tranches dorées, 4 fr.

Ampère (A.-M.)......	Journal et correspondance...............	1 v.
Andersen...........	Nouveaux Contes suédois.................	1 v.
Bertrand (J.)......	Les Fondateurs de l'astronomie.........	1 v.
Biart (Lucien).....	Aventures d'un jeune naturaliste.......	1 v.
Boissonnas (Mme B.).	Une Famille pendant la Guerre 1870-71.	1 v.
Brachet (A.).......	Grammaire historique (préface de Littré) (Couronné par l'Académie française)	1 v.
Bréhat (de).......	Aventures d'un petit Parisien..........	1 v.
Carlen (Émilie)....	Un Brillant Mariage.....................	1 v.
Cherville (de).....	Histoire d'un trop bon chien............	1 v.
Clément (Ch.)......	Michel-Ange, Raphaël, etc...............	1 v.
Durand (Hip.)......	Les Grands Prosateurs...................	1 v.
—	Les Grands Poëtes.......................	1 v.
Erckmann-Chatrian.	Le Fou Yegof ou l'Invasion.............	1 v.
—	Madame Thérèse.........................	1 v.
—	Histoire d'un paysan (complète)........	4 v.
Foucou.............	Histoire du travail.....................	1 v.
Franklin (J.)......	Vie des animaux (3 fr. 50 le vol.).......	6 v.
Grimard............	Histoire d'une goutte de séve..........	1 v.
Hippeau (Mme).....	Cours d'économie domestique...........	1 v.
Hugo (Victor)......	Les Enfants............................	1 v.
Immerman..........	La Blonde Lisbeth......................	1
Lavallée (Th.).....	Histoire de la Turquie.................	2 v.
Legouvé (E.).......	Les Pères et les Enfants au xixe siècle (Enfance et Adolescence)............	1 v.
—	Les Pères et les Enfants au xixe siècle (La Jeunesse)......................	1 v.
—	Conférences parisiennes...............	1 v.
Lockroy (Mme)....	Contes à mes nièces....................	1 v.
Macaulay...........	Histoire et Critique...................	1 v.
Malot (Hector).....	Romain Kalbris.........................	1 v.
Macé (Jean)........	Histoire d'une bouchée de pain........	1 v.

Macé (Jean)........	Les Serviteurs de l'estomac............	1 v.
—	Contes du petit château...............	1 v.
—	Arithmétique du grand-papa..........	1 v.
Maury (commandant)	Géographie physique..................	1 v.
Muller (Eugène)....	La Jeunesse des hommes célèbres.....	1 v.
Ordinaire..........	Dictionnaire de mythologie...........	1 v.
—	Rhétorique nouvelle...................	1 v.
Ratisbonne (Louis).	Comédie enfantine (OUVRAGE COURONNÉ)..	1 v.
Reclus (Élisée).....	Histoire d'un ruisseau................	1 v.
Renard............	Le Fond de la mer....................	1 v.
Roulin (F.)........	Histoire naturelle....................	1 v.
Rozan (Ch.)........	Petites Ignorances de la conversation....	1 v.
—	La Bonté............................	1 v.
Sandeau (Jules)....	La Roche aux Mouettes...............	1 v.
Sayous.............	Conseils à une mère sur l'éducation littér.	1 v.
—	Principes de littérature...............	1 v.
Simonin............	Histoire de la terre...................	1 v.
P.-J. Stahl et de Wailly.	Scènes de la vie des enfants en Amérique:	
—	Les Vacances de Riquet et Madeleine...	1 v.
—	Mary Bell, William et Lafaine........	1 v.
Stahl (P.-J.)	Morale familière (OUVRAGE COURONNÉ)...	1 v.
Stahl et Muller....	Le Nouveau Robinson suisse..........	1 v.
Thiers.............	Histoire de Law......................	1 v.
Verne (Jules)	AVENTURES DU CAPITAINE HATTERAS :	
—	— Les Anglais au pôle Nord..........	1 v.
—	— Le Désert de glace................	1 v.
—	LES ENFANTS DU CAPITAINE GRANT :	
—	— L'Amérique du Sud...............	1 v.
—	— L'Australie.......................	1 v.
—	— L'Océan Pacifique................	1 v.
—	Autour de la lune....................	1 v.
—	Aventures de 3 Russes et de 3 Anglais..	1 v.
—	Cinq Semaines en ballon.............	1 v.
—	De la Terre à la Lune.................	1 v.
—	Histoire des grands voyages et des grands voyageurs.........................	1 v.
—	Le Pays des Fourrures...............	2 v.
—	Le Tour du Monde en 80 jours........	1 v.
—	Vingt mille Lieues sous les mers........	2 v.
—	Voyage au centre de la terre..........	1 v.
—	Une Ville flottante...................	1 v.
Wogan (de)........	Voyages et Aventures................	1 v.
Zurcher et Margollé	Les Tempêtes.......................	1 v.
—	Histoire de la navigation	1 v.
—	Le Monde sous-marin................	1 v.

SÉRIE DES VOLUMES IN-18, AVEC GRAVURES

Brochés, **3 fr. 50** — Cartonnés, tr. dorées, **4 fr. 50**

(Suite de la Collection *Éducation et Récréation*.)

Asquez............	Histoire de France.......................	1 v.
Bertrand (Alex.)...	Lettres sur les révolutions du globe......	1 v.
Faraday (M.)......	Histoire d'une chandelle...............	1 v.
Gratiolet (P.).....	De la Physionomie.....................	1 v.
Hirtz (Mlle)........	Méthode de coupe et de confection, pour les vêtements de femmes et d'enfants, 154 gravures........................	1 v.
La Fontaine (Jouaust)	Fables annotées par Buffon.............	1 v.
Lavallée (Th.)	Les Frontières de la France.............	1 v.
Mayne-Reid........	Aventures de terre et de mer...........	1 v.
—	Les Jeunes Esclaves....................	1 v.
—	Le Désert d'eau.......................	1 v.
—	Les Chasseurs de girafes...............	1 v.
—	Les Naufragés de l'île de Bornéo.......	1 v.
Mortimer d'Ocagne.	Les Grandes Écoles de France..........	1 v.
Parville (de)......	Un Habitant de la planète Mars........	1 v.
Silva (de).........	Le Livre de Maurice...	1 v.
Tyndall............	Dans les montagnes..............	1 v.

SÉRIE IN-18. — PRIX DIVERS.

(Suite de la Collection *Éducation et Récréation*.)

Block (Maurice)....	Petit Manuel d'Économie pratique.....	1 fr.
A. Brachet........	Dictionnaire étymologique de la langue française (couronné par l'Ac. franç.)..	8 fr.
Clavé (J.)..........	Principes d'économie politique, in-18...	2 fr.
Grimard (Ed.)......	La Plante (2 vol.) (*en réimpression*)....	10 fr.
Macé (Jean)........	Théâtre du petit château...............	2 fr.
—	Arithmétique du grand-papa (éd. popul.)	1 fr.
—	Morale en action......................	1 fr.
—	Lettres d'un paysan d'Alsace sur l'instruction obligatoire................	» 30
—	Le Génie de la petite ville. 1 v. in-32..	» 25
—	Anniversaire de Waterloo, 1 vol. in-32..	» 15
—	Une carte de France — le Gulf-Stream.	» 25
—	La Ligue de l'enseignement, n°s 1 à 4, à.	» 25
Hugo (Victor).......	Les Châtiments. 1 vol. in-18..........	2 fr.
—	Napoléon le Petit. 1 vol. in-18.........	2 fr
Souviron	Dictionnaire des termes techniques	6 fr

COLLECTION HETZEL

HISTOIRE, POÉSIE, VOYAGES, ROMANS, LITTÉRATURE FRANÇAISE ET ÉTRANGÈRE

VOLUMES IN-18 A 3 FR.

Audeval............	Les Demi-Dots........................	1 v.
—	La Dernière.........................	1 v.
Bentzon (Th.)......	Un Divorce..........................	1 v.
Biart (Lucien).....	Le Bizco	1 v.
—	Benito Vazquez......................	1 v.
—	La Terre chaude.....................	1 v.
—	La Terre tempérée...................	1 v.
—	Pile et Face.........................	1 v.
—	Les Clientes du docteur Bernagius.....	1 v.
Champort...........	(Édition Stahl)......................	1 v.
Colombey...........	Esprit des voleurs...................	1 v.
Daudet (Alphonse)..	Le petit Chose.......................	1 v.
—	Lettres de mon moulin...............	1 v.
Devic (Marcel).....	Le Roman d'Antar....................	1 v.
Domenech (l'abbé)..	La Chaussée des Géants.............	1 v.
—	Voyage et aventures en Irlande.......	1 v.
Droz (Gustave)....	Monsieur, Madame et Bébé...........	1 v.
—	Entre nous	1 v.
—	Le Cahier bleu de Mlle Cibot..........	1 v.
—	Autour d'une source.................	1 v.
—	Un Paquet de lettres. *(Prix, 4 fr.; sur papier vergé, 8 fr.)*................	1 v.
—	Babolain............................	1 v.
Durande (Amédée)..	Carl, Joseph et Horace Vernet.........	1 v.
Erckmann-Chatrian.	Le Blocus	1 v.
—	Confidences d'un joueur de clarinette..	1 v.
—	Contes de la montagne...............	1 v.
—	Contes des bords du Rhin............	1 v.
—	Contes populaires....................	1 v.
—	Le Fou Yegof........................	1 v.
—	La Guerre	1 v.
—	Histoire d'un Conscrit de 1813........	1 v.
—	Histoire d'un homme du peuple.......	1 v.

Erckmann-Chatrian.	Histoire d'un paysan, complète en......	4 v.
	Les États généraux, 1789...... 1 v.	
	La Patrie en danger, 1792...... 1 v.	
	L'an Ier de la République, 1793... 1 v.	
	Le Citoyen Bonaparte, 1794-1815. 1 v.	
—.	Histoire d'un sous-maître............	1 v.
—	L'illustre docteur Mathéus............	1 v.
—	Madame Thérèse....................	1 v.
	— Édition allemande, avec les dessins hors texte, 1 vol., 3 fr.	
—	La Maison forestière................	1 v.
—	Maître Daniel Rock..................	1 v.
—	Waterloo...........................	1 v.
—	Histoire du plébiscite................	1 v.
—	Les Deux Frères....................	1 v.
Esquiros (Alph.)...	L'Angleterre et la Vie anglaise..........	5 v.
Favre (Jules)......	Discours du bâtonnat................	1 v.
Flavio............	Où mènent les chemins de traverse.....	1 v.
Genevray........	Une Cause secrète..................	1 v.
Gournot..........	Essai sur la jeunesse contemporaine....	1 v.
Gozlan (Léon).....	Émotions de Polydore Marasquin......	1 v.
Gramont (comte de)	Les Gentilshommes pauvres...........	1 v.
—	Les Gentilshommes riches............	1 v.
Janin (Jules)......	La Fin d'un monde. Le Neveu de Rameau	1 v.
—	Variétés littéraires..................	1 v.
Lavallée (Théophile)	Jean-sans-Peur.....................	1 v.
Malot (Hector).....	Un Beau-Frère.....................	1 v.
Muller (Eugène)...	La Mionette........................	1 v.
Morale universelle.	Esprit des Allemands................	1 v.
—	— Anglais..................	1 v.
—	— Espagnols................	1 v.
—	— Grecs...................	1 v.
—	— Italiens..................	1 v.
—	— Latins...................	1 v.
—	— Orientaux................	1 v.
Olivier (Just)......	Le Batelier de Clarens................	2 v.
Pichat (Laurent)...	Gaston............................	1 v.
—	Les Poëtes de combat................	1 v.
—	Le Secret de Polichinelle.............	1 v
Poujard'hieu......	Les Chemins de fer..................	1 v.
—	La Liberté et les Intérêts matériels	1 v.
Princesse palatine..	Lettres inédites (traduites par Rolland).	1 v.

Quatrelles	Voyage autour du grand monde.......	1 v.
—	La Vie à grand orchestre.............	1 v.
Rive (de la)........	Souvenirs sur M. de Cavour..........	1 v.
Robert (Adrien)....	Le Nouveau Roman comique..........	1 v.
Roqueplan	Parisine...........................	1 v.
Sand (George)......	Promenades autour d'un village.......	1 v.
Stahl (P.-J.)......	Les bonnes fortunes parisiennes :	
—	— Les Amours d'un pierrot..........	1 v.
—	— Les Amours d'un notaire..........	1 v.
—	Histoire d'un homme enrhumé........	1 v.
—	Voyage d'un étudiant................	1 v.
Texier et Kæmpfen..	Paris, capitale du monde	1 v.
Tourguéneff........	Dimitri Roudine....................	1 v.
—	Fumée (préface de Mérimée)	1 v.
—	Une Nichée de gentilshommes........	1 v.
—	Nouvelles moscovites................	1 v.
—	Histoires étranges...................	1 v.
—	Les Eaux du printemps..............	1 v.
Wilkie Collins.....	La Femme en blanc..................	2 v.
—	Sans Nom..........................	2 v.

LIVRES IN-18 EN COMMISSION (3 F.).

Anonyme...........	Mary Briant........................	1 v.
Arago (Étienne)....	Les Bleus et les Blancs..............	2 v.
Baignières	Histoires modernes..................	1 v.
—	Histoires anciennes..................	1 v.
Bastide (A.)........	Le Christianisme et l'Esprit moderne...	1 v.
Berchère	L'Isthme de Suez...................	1 v.
Boullon (E.).......	Chez Nous.........................	1 v.
Bugeaud (Jérôme)...	Jacquet-Jacques	1 v.
Carteron (C.)......	Voyage en Algérie..................	1 v.
Chauffour	Les Réformateurs du xvie siècle........	2 v.
Dollfus (Charles)...	La Confession de Madeleine..........	1 v.
Duvernet	La Canne de Me Desrieux	1 v.
Favier (F.)........	L'Héritage d'un misanthrope.........	1 v.
Fervel............	Histoire de Nice et des Alpes-Maritimes.	1 v.
Fos (Maria de)....	Les Cercles de feu..................	1 v.
Grenier...........	Poèmes dramatiques.................	1 v.
Habeneck (Ch.)....	Chefs-d'œuvre du théâtre espagnol.....	1 v.
Huet (F.).........	Histoire de Bordas Dumoulin	1 v.
Lancret (A.).......	Les Fausses Passions................	1 v.
Lavalley (Gaston)..	Aurélie............................	1 v.

Laverdant (Désiré).	Don Juan converti........................	1 v.
—	Les Renaissances de Don Juan........	2 v.
Lefèvre (André)....	La Flûte de Pan............................	1 v.
—	La Lyre intime...............................	1 v.
—	Les Bucoliques de Virgile................	1 v.
Lezaack (Dr).......	Les Eaux de Spa.............................	1 v.
Mendès (Catulle)....	Philomela......................................	1 v.
Nagrien (X.)........	Prodigieuse Découverte...................	1 v.
Paulin Paris.......	Garin le Lohérain...........................	1 v.
Réal (Antony)......	Les Atomes....................................	1 v.
Simonin (Louis)....	Les Pays lointains..........................	1 v.
Steel...............	Haôma...	1 v.
Vallory (Mme)......	A l'aventure en Algérie....................	1 v.
Worms de Romilly..	Horace (traduction)........................	1 v.

LIVRES EN COMMISSION
Prix divers.

Anonyme............	Le Prisme de l'âme.........................	6 fr.
—	Rome...	6 fr.
Foley (E.)...........	Quatre Années en Océanie...............	3 fr.
Laverdant (Désiré)..	Appel aux artistes..........................	1 fr.
Paultre (E.)........	Capharnaüm...................................	0 fr.
Pirmez..............	Jours de solitude, 1 vol. in-8...........	0 fr.
Ratisbonne (Louis)..	Les Figures jeunes.........................	5 fr.
Haynald............	Histoire de la Restauration.............	5 fr.
Rive (de la)........	Souvenirs sur M. de Cavour.............	0 fr.
Anonyme............	Mademoiselle Segeste......................	2 fr.
Antully (Albéric d').	Fantaisie.......................................	2 fr.
Bruière (S.)........	Une Saison en Allemagne.................	1 fr.
Guimet (Émile).....	Croquis égyptiens...........................	3 50
—	L'Orient d'Europe au fusain, in-18....	2 fr.
Schnéegans (A.)....	Contes. 1 vol. in-18........................	2 fr.

VOLUMES IN-18 A PRIX DIVERS

Berthet (André)....	Mes Lunes (Boutades d'un sceptique).	2 fr.
A. Decourcelle.....	Les Formules du docteur Grégoire (Dictionnaire du Figaro)...................	2 fr.
Erckmann-Chatrian.	Le Juif polonais, pièce en 3 actes.....	1 50
Merson (Olivier)....	Ingres, sa Vie et ses Œuvres, avec sa photographie. 1 vol. (in-32).........	1 50
Mickiewicz (Adam)..	Histoire populaire de la Pologne......	5 fr.
Nadar..............	Le Droit au vol...............................	1 fr.
Proudhon...........	La Guerre et la Paix. 2 volumes.......	2 fr.

VOLUMES IN-8° A PRIX DIVERS

About (Edmond)....	Rome contemporaine.................	5 fr.
—	La Question romaine	4 fr.
Bertrand (J.)......	Arago et sa vie scientifique..........	1 fr.
—	Les Fondateurs de l'astronomie......	6 fr.
—	L'Académie et les Académiciens......	7 50
Blanc et Alvon.....	Œuvre parlementaire du c¹ᵉ de Cavour.	7 50
Lafond (Ernest)....	Les Contemporains de Shakspeare :	
	Ben Johnson (2 vol.), à...........	6 fr.
	Massinger —	6 fr.
	Beaumont et Fletcher............	6 fr.
	Webster et Ford.................	6 fr.
Richelot...........	Gœthe, ses Mémoires et sa Vie (4 vol.) à	6 fr.
Strauss (D.-F.)....	Nouvelle Vie de Jésus (traduite par Ch. Dollfus et A. Nefftzer), 2 vol à......	6 fr.

VOLUMES IN-32, A 1 FRANC

Cartonnés, 1 fr. 25.

De Balzac.........	Les Femmes	1 v.
Alfred de Musset et P.-J. Stahl	Voyage où il vous plaira, 10ᵉ édition....	1 v.
Eugène Noel	Vie des fleurs et des fruits..............	1 v.
P.-J. Stahl	Théorie de l'amour et de la jalousie......	1 v.

En réimpression :

Édouard Grenier. — Le Renard, de Gœthe............	1 vol.	P.-J. Stahl. — Bijoux parlants.	1 vol.
Henry Monnier. — Les Petites Gens..................	1 vol.	— Histoire d'un prince......	1 vol.
— Scènes parisiennes..........	1 vol.	— L'Esprit des femmes.......	1 vol.
Alfred de Musset. — Mimi Pinson....................	1 vol.	— L'Esprit de Voltaire........	1 vol.
		— Bêtes et Gens.............	1 vol.
		— Théorie de l'amour et de la jalousie.................	1 vol.

COLLECTION J. HETZEL & Cie
HISTOIRE, POÉSIE, VOYAGES, ROMANS, LITTÉRATURE FRANÇAISE ET ÉTRANGÈRE

Volumes in-18 à 3 francs.

	vol.
AUDEVAL. Les Demi-Dots	1
— La Dernière	1
BENTZON (Th.). Un Divorce	1
BIART (Lucien). Le Bisco	1
— Benito Vasquez	1
— La Terre chaude	1
— La Terre tempérée	1
— Pile et face	1
— Les Clientes du docteur Bernagius	1
CHAMFORT (édition Stahl)	1
COLOMBAT. Esprit des voleurs	1
DAUDET (A.). Le petit Chose	1
— Lettres de mon moulin	1
DAVID (M.) Le Roman d'Antar	1
DOMENECH (l'abbé). La Chaussée des Géants	1
— Voyage et Aventures en Irlande	1
DROZ (G.). Monsieur, Madame et Bébé	1
— Entre nous	1
— Le Cahier bleu de Mlle Cibot	1
— Autour d'une source	1
— Un Paquet de lettres. (Pr., 1 fr. ; sur papier vergé, 3 fr.)	
— Babolain	1
DURANDE (A.). Carl, Joseph et Horace Vernet	1
ERCKMANN-CHATRIAN. Le Blocus	1
— Confidences d'un joueur de clarinette	1
— Contes de la montagne	1
— Contes des bords du Rhin	1
— Contes populaires	1
— Le Fou Yégof	1
— La Guerre	1
— Histoire d'un conscrit de 1813	1
— Histoire d'un homme du peuple	1
— Histoire d'un paysan, complète	4
— Les États généraux, 1789.	1 v.
— La Patrie en danger, 1792.	1 v.
— L'an Ier de la République, 1793.	1 v.
— Le Citoyen Bonaparte, 1794-1815	1 v.
— Histoire d'un sous-maître	1
— L'illustre docteur Mathéus	1
— Madame Thérèse	1
— Édition allemande, avec les dessins hors texte, 1 vol., 3 fr.	
— La Maison forestière	1
— Maî Daniel Rock	1
— Waterloo	1
— Histoire du plébiscite	1
— Les Deux Frères	1
ESQUIROS (A.). L'Angleterre et la Vie anglaise	5

	vol.
FAVRE (J.). Discours du bâtonnai	1
FLAVIN. Où mènent les chemins, le travers	1
GENEST. Une Cause secrète	1
GOURNET. Essai sur la jeunesse contemporaine	1
GOZLAN (L.) Émotions de Polydore Marasquin	1
GRAMONT, comte de. Les Gentilshommes faussés	1
— Les Gentilshommes chiens	1
JANIN J. Variétés littéraires	1
LAVALLÉE (Th.). Jean sans Peur	1
MALOT (H.). Un Beau-frère	1
MÜLLER (E.). La Mignette	1
MORALE UNIVERSELLE. Esprit des Allemands	1
— Esprit des Anglais	1
— Espagnols	1
— Grecs	1
— Italiens	1
— Latins	1
— Orientaux	1
OLIVIER (J.). Le Batelier de Clarens	2
ICHAT (L.). Gaston	1
— Les Poètes de combat	1
— Le Secret de Polichinelle	1
POUJARD'HIEU. Les Chemins de fer	1
— La Liberté et les Intérêts matériels	1
PRINCESSE PALATINE. Lettres inédites (traduites par Rolland)	1
QUATRELLES. Voyage autour du grand monde	1
— La Vie à grand orchestre	1
RIVE (DE LA). Souvenir sur M. de Cavour	1
ROBERT (Adrien). Le Nouveau Roman comique	1
ROQUEPLAN. Parisine	1
SAND (George). Promenade autour d'un village	1
STAHL (P.-J.). LES BONNES FORTUNES PARISIENNES :	
— Les Amours d'un pierrot	1
— Les Amours d'un notaire	1
— Histoire d'un homme enrhumé	1
— Voyage d'un étudiant	1
TEXIER et KEMPEEN. Paris, capitale du monde	1
TOURGUENEFF. Dimitri Roudine	1
— Fumée (préface de Mérimée)	1
— Une Nichée de gentilshommes	1

	vol.
TOURGUENEFF. Nouvelles moscovites	1
— Étranges Histoires	1
— Les Eaux printanières	1
WILKIE COLLINS. La Femme en blanc	2
— Sans Nom	2

Livres in-18 en commission (3 f.)

	vol.
ANONYME. Mary Briant	1
ARAGO (Étienne). Les Bleus et les Blancs	2
BAIGNIÈRES. Histoires modernes	1
— Histoires anciennes	1
BASTIDE (A.). Le Christianisme et l'Esprit moderne	1
BERCHÈRE. L'Isthme de Suez	1
BOUILLON (E.). Chez nous	1
BUGEAUD (Jérôme). Jacquet-Jacques	1
CARTERON (C.). Voyage en Algérie	1
CHAUVFOUR. Les Réformateurs du XVIe siècle	2
DOLLFUS (Charles). La Confession de Madeleine	1
DUVERNET. La Canne de Mr Desrient	1
FAVIER (F.). L'Héritage d'un misanthrope	1
FERVEL. Histoire de Nice et des Alpes-Maritimes	1
FOS (MARIA DE). Les Cercles de feu	1
GRENIER. Poèmes dramatiques	1
HABENECK (Ch.). Chefs-d'œuvre du théâtre espagnol	1
HUET (F.). Histoire de Bordas Dumoulin	1
LANCRET (A.). Les Fausses Passions	1
LAVALLET (Gaston). Aurélien	1
LAVERDANT (Désiré). Don Juan converti	1
— Les Renaissances de don Juan	1
LEFÈVRE (A.). La Flûte de Pan	1
— La Lyre intime	1
— Les Bucoliques de Virgile	1
LEZAICE (D.). Les Eaux de Spa	1
NAGRIEN (X.). Prodigieuse Découverte	1
PAULIN PARIS. Garin le Loherain	1
RÉAL (Antony). Les Atomes	1
SIMONIN (Louis). Les Pays lointains	1
STEEL. Haôma	1
VALLORY (Mme). A l'aventure en Algérie	1
WORMS DE ROMILLY. Horace (traduction)	1

Paris. — Imp. Gauthier Villars.

www.ingramcontent.com/pod-product-compliance
Lightning Source LLC
Chambersburg PA
CBHW070849170426
43202CB00012B/1999